中名生正昭
朴　進　山

日本と韓国の官僚制度

その成立と変遷

南雲堂

日本と韓国の官僚制度

はじめに

今、国民と国家、国民と官僚の関係が改めて問い直されている。官僚は国家が存立する上での「不可欠の歯車」なのか、あるいは「必要悪」ともいうべき存在なのか、いずれにしても官僚制度を抜きにして国家の組織的な運営は考えられない。

国家が存在する以上は、その運営に当たるものが必要となる。原初の部族国家にしても、その規模が拡大した民族国家、さらには異民族をも包括した統合国家、王権に端を発する独裁的な国家から近世の民主国家、あるいは社会主義国家まで、権力の行使、組織の運営に当たるものとして官僚が存在する。これは現在の国家に限らず、自治体さらには国際連合を始めとする国際組織の運営にも官僚的な存在は不可欠である。

この官僚制度の成立ちと、発展、変遷を、アジアにあって中国の影響を受けながら、ともに独自の官僚制度を形成していった日本と韓国の歴史と現状を考察することを通して、国家という組織体の本質を解明したい。

またこの官僚制度と表裏一体の関係にある官職制度を論ずるばかりでなく、さらに栄典制度、勲章・勲等や位階といったものも含めて論述した。
本書の［第一部・日本編］については中名生正昭が、［第二部・韓国編］については、朴進山が執筆した。日韓の歴史と現状を知り、未来への指針となり、さらに日韓の相互理解にも役立てれば、これに優る幸せはない。
本書の企画について示唆をされ、その完成を待たれていた、著者二人の共通の師友でもある故堀田　剛三先生のご霊前に、この書を捧げたい。
二〇〇四年八月八日
中名生　正昭
朴　進　山

目次

装丁＝重原保男

序説　官僚機構の本質と役職・身分・収入・位階・勲章の関係

本書のテーマである官僚機構について述べるに当たって、官職（役職）、身分、位階、さらには勲章などの栄典制度の関係について考察したい。

原初の人間社会にも群れができれば、当然、リーダーが出てくる。小さな集団のリーダーが、やがてより大きな集団・部族の長となり、その周辺にはそれを補佐する家臣層が形成される。部族は、より大きな規模に拡大し、やがて国家が形成される。こうなると、部族の長は王となり、家臣層はその上級が貴族に、下層が武士・役人となり、官僚機構が構成される。

また権力を行使するには財力がいる。当初は富裕な者が権力者だったが、統治機構が大きくなるにつれ自身の財力だけでは賄えず、被支配者から収奪をするようになる。また家臣団、国家としての役人には、支配者が封禄・給料などの対価を支払わねばならなくなる。この収入を確保する方法が制度化し合法的なものとなったのが税金であり、税金は独裁国家であれ、民主的な議会制国家であれ不可欠なものとなる。官僚制度はこのような政治権力の行使に必要な装置である。

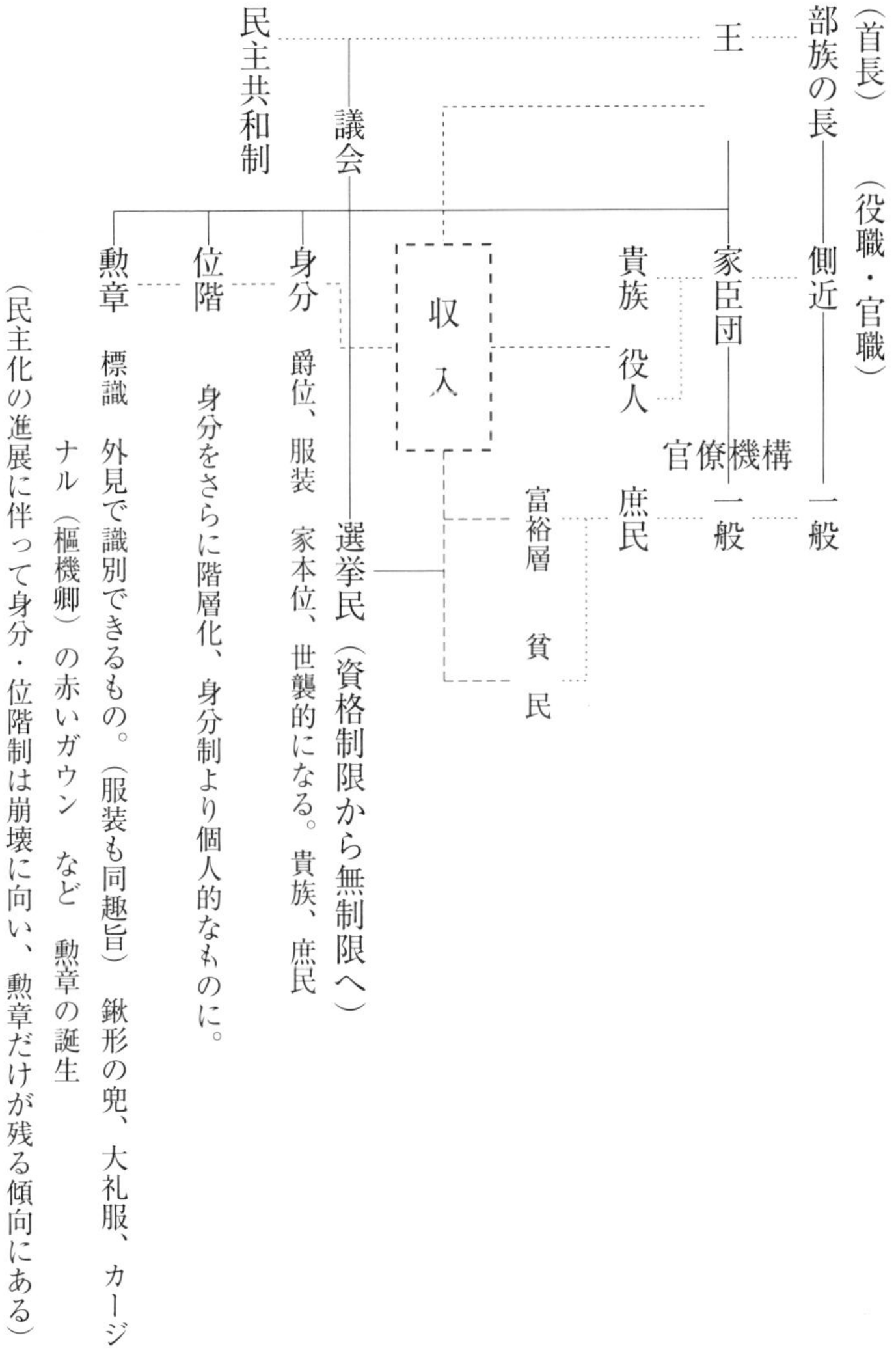
（首長）
部族の長
（役職・官職）
側近
一般
王
家臣団
官僚機構
一般
貴族
役人
庶民
富裕層
貧民
収入
民主共和制
議会
選挙民（資格制限から無制限へ）
身分
爵位、服装　家本位、世襲的になる。貴族、庶民
位階
身分をさらに階層化、身分制より個人的なものに。
勲章
標識　外見で識別できるもの。（服装も同趣旨）鍬形の兜、大礼服、カージ
ナル（枢機卿）の赤いガウン　など　勲章の誕生
（民主化の進展に伴って身分・位階制は崩壊に向い、勲章だけが残る傾向にある）

名誉と収入

権力者である支配層には身分を表示するものが必要となり、族長（やがては国王となる）は、家臣団（やがては貴族、役人となる）に位階や爵位を与え、功績をあげた者へは褒章としての勲章が与える。これらはいわゆる名誉（栄典）であるが、この名誉は、また収入という経済的な裏付けがなされる。名誉は経済的なものとドッキングしているのである。

身分を表す服装

南山《なんざん》の　たたかひの日に
袖口の　こがねのぼたん
ひとつおとしつ
その扣鈕《ぼたん》惜し

べるりんの　都大路の
ぱっさあじゅ　電燈あをき
店にて買ひぬ
はたとせまへに

えぽれっと　かがやきし友
こがね髪　ゆらぎし少女
はや老にけん
死にもやしけん

森　鷗外（『うた日記』の「扣鈕」から）

服装も名誉と身分を象徴する重要なものである。中世ヨーロッパの王や騎士は外見上、それとわかる服装をしていた。日本では絹地の服は支配層のもので、庶民には「ぜいたくだ」という理由で着用を許さなかった。古代ローマではヤギの一種のカシミアの毛で作られた衣服は、エリート・指導層だけが着用を許されていた。

軍人も本来、戦闘服である軍服に階級章を付けることによって身分を表すが、より明確には儀礼的な服装である大礼服で身分を明らかにする。大礼服はエポレットという肩飾、金色の襟飾り、袖飾りなど派手で美々しいデザインである。これは武家時代の緋縅《ひおどし》の鎧の美々しさに相当するものであろう。

日露戦争に軍医として従軍した森鷗外は、苛烈な南山《なんざん》の戦闘の中で落したボタンと、青春の友のエポレットの輝きを追憶している。

大礼服は軍人に限らず、貴族・文官も着用するが、旧日本陸海軍の将校が着用する儀礼服は大礼服とはいわず「正装」と称していた。

これらは着用した者の地位が社会の上層階層であることを表示し、このような外見上の表象が、やがて勲章と一体化していったと推測される。

戦前の日本の勲章は、武官、ついで文官に手厚く、民間人は叙勲の対象になかなかならなかったが、軍人がなくなった戦後は官僚に厚く、民間に薄い傾向は是正されたとは言い難い。これも名誉の象徴である勲章が官僚の権威となかなか切り離されないことを物語っている。

また官の中でも一般官庁の局長級なら七十一、二歳で叙勲されるのに対し、国立大学の教授はほとんどが七十八歳にならないともらえない。官僚の中にも職場によって差があることになる。

本書では官僚制度の解剖に当たって、従来から等閑視されがちな勲章という側面からも分析をすることによって官僚制の実態に迫りたい。

第一部　日本編

第一部序説

日本の官僚制度を述べるに当たってまず重要なことは官僚制度が時代とともに発達し変遷して来たことである。遠く古代の氏姓時代から律令時代、奈良、平安時代を経て王朝の実権が武家の幕府による政治に移行し、さらに明治維新を経て天皇中心の立憲政治から、第二次大戦後の天皇を象徴とした民主政治の形態となった。この間、政治の手足となり、国政運営の要となったのは常に官僚であった。その権限、機能は時代とともに変容してきたが、その存在なくして国家は運営できない。この国家にとって不可欠の官僚制度の日本における役割について述べたのが本編である。この稿をまとめるに当たって日本史の児玉幸多先生、日本法制史の高柳真三先生に薫陶を受けた若き日々を回想し、改めてその学恩に心から感謝したい。

中名生　正昭

第1章　古代日本の支配機構と身分制度

古代日本の支配機構と身分制度をみると、大化の改新以前は氏姓制度による豪族の役割分担と、部民制度が根幹にあった。後の天皇は初期には「おおきみ」（大王）と呼ぶことが多かった。大王と王族（皇族）の家臣である連（むらじ）と、本来は大王に対抗し得る豪族である臣（おみ）という有力氏で支配層は構成されていた。臣と連は有力な氏に大王から与えられる姓（かばね）で政権内での地位を表す。かばねの語原は新羅の「骨品制度」にあるともいう。

中央の有力な氏の姓

臣　葛城《かつらぎ》臣、平群《へぐり》臣、蘇我臣　「大臣《おおおみ》」となる

連　大伴連、物部連、中臣連　「大連《おおむらじ》」となる

地方の有力な氏の姓

君（き　み）
造（みやつこ）
首（おびと）
直（あたい）
史（ふひと）

「伴造」（中央の場合が原則）
「国造」（地方）
「県主」（地方）
などになる

1、身分

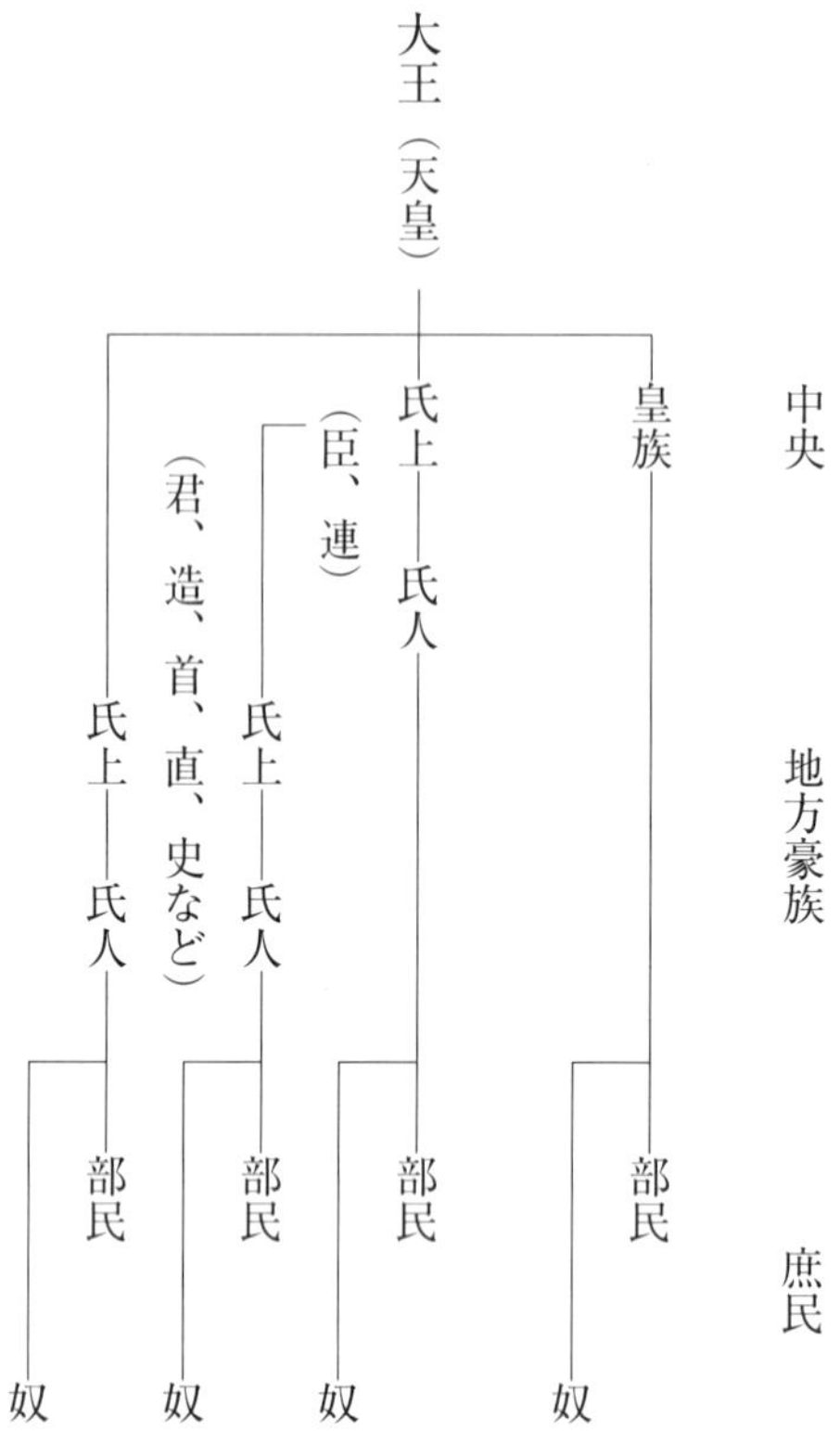

＊「部民《べみん》」は農耕・技術者で、技術者集団の品部《しなべ》、中央豪族の支配民である部曲（かきべ）、地方豪族の支配する名代《なしろ》・田部《たべ》に分類される。「奴《やっこ》」は家内奴隷

２、支配機構

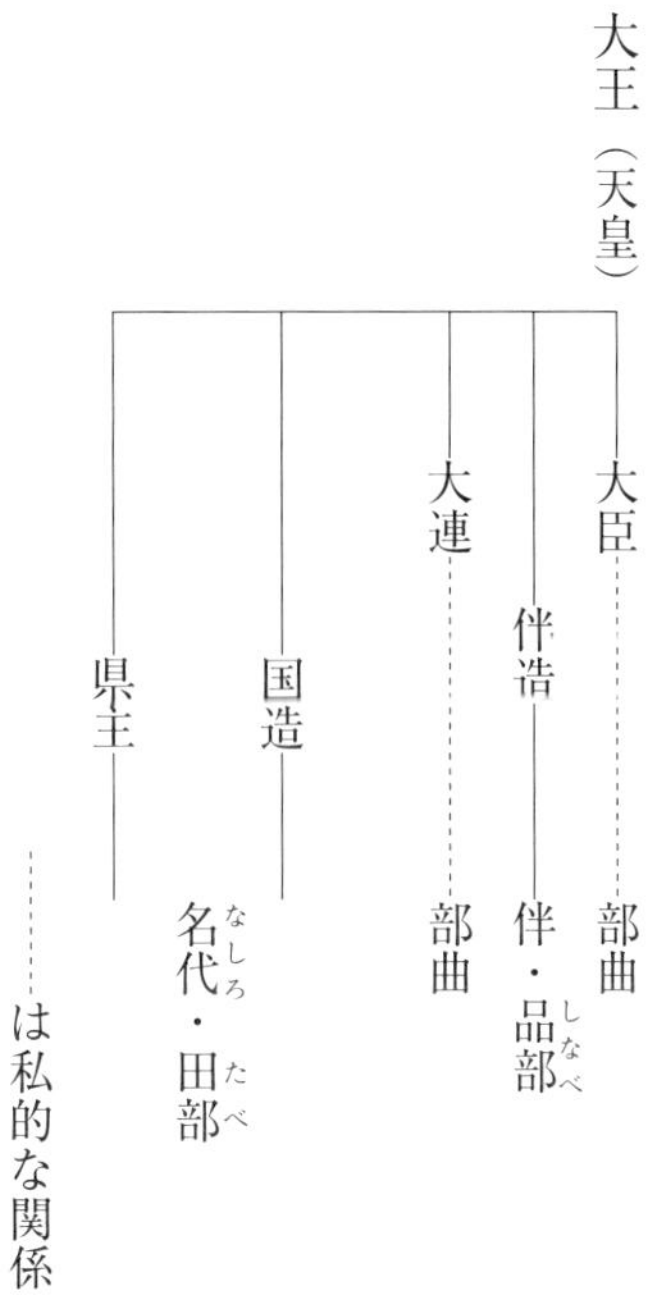

大王の下、「大臣」、「大連」が国政を担当する。地方官のそれぞれの地域の最高権力者が「国造」（こくぞう）、「県主」（あがたぬし）である。

「伴」（とも）は特定の職業を世襲する官人集団で、その長が「伴造」（とものみやつこ）である。部民制の成立後はその支配下の農民集団も組み込んで部（べ）を組織した。

国家の初期には豪族の私兵が多かったが、天皇の身辺にいる舎人（とねり）が親衛軍となっていった。舎人は主に東国の国造の子弟から選ばれている。

３、冠位十二階による格付け

律令時代に先じて、推古天皇一一年（六〇三）に「冠位十二階」を設け、天皇制の下での臣下の格付けを行った。始めは中級以下の臣下を対象としていたが、大化三年（六四七）に全臣下を対象とした十三階制に改められた。この時の最上位は大織冠（たいしょくかん）で、これを受けたのは藤原鎌足だけだったので、鎌足のことを大織冠と呼んだ。

後に天武天皇の時、親王四階、諸王八階、諸臣四十八階に改められ、文武天皇の時（七〇一）冠位を律令による位記に変えるまで約百年間続いた。

冠位十二階

推古天皇11年（六〇三）			大徳	大仁	大礼	大信	大義　大智
			小徳	小仁	小礼	小信	小義　小智
大化3年（六四七）	大織・小織	大繡・小繡	大紫・小紫	大錦・小錦	大青・小青	大黒・小黒	建武
大化5年（六四九）	大織・小織	大繡・小繡	大紫・小紫	大花・小花	大山・小山	大乙・小乙	立身
				上下　上下	上下　上下	上下　上下	

第2章　律令時代の支配機構と身分・位階・官職

（西暦六四五年～七九三年）

1、官僚制度の確立

日本の官僚制度が確立したのは律令時代である。律令時代は律令法典という日本の成文法による支配形態の時代である。

六六八年　近江令
六八一年？　飛鳥浄御原令
七〇一年　大宝律令
七一八年　養老律令

本格的な律令としては飛鳥浄御原令が最初だったと見られる。

律は刑法、令は行政法、訴訟法などに該当する。中国で発達した法集権国家の基本法で、隋、唐の時代に確立し、朝鮮など周辺国家に波及、日本でも七世紀半ばに形成された。

令の根幹をなすのは土地と租税の問題である。班田収授の法によって人民に一定の耕地を支給する代わりに、租（田の収穫の三％）、庸（絹・めしぎぬ、糸、鉄、魚介などの物産）、調（年一〇日の歳役の代わりの物納、養老令では正丁で布二丈六尺）、雑徭《ぞうよう》（公共事業の労役・正丁六〇日、次丁三〇日、少丁一五日、後に軽減）などを課したが、荘園の浸透で消滅した。

2、律令時代の官職

朝廷の最高位は太政大臣であり、左大臣、右大臣、内大臣と続く。六世紀に蘇我氏が大臣を務めたが、左、右両大臣の制度が慣例化したのは大化の改新（六四五）であり、太政大臣は持統天皇の朱鳥四年（六九〇）に就任した高市皇子が最初とみられる。

大臣の上には必要に応じ、摂政と関白が置かれた。摂政は天皇が幼少または病弱の時に天皇に代わって政治をみる、関白は成人した天皇を助言補佐することを本来の目的とし、皇親でない摂政は、清和天皇の貞観八年（八六六）の藤原良房が初めてである。

3、太政官の役割

太政官は国政を統括する最高機関で、太政大臣、左大臣、右大臣と大納言四人が閣議に列する（朝政を議す）公卿《くぎょう》であり、その下に少納言、左弁官、右弁官の三局がある。後に大納言を二人減らし令外官である中納言を三人置き、これに同じ令外官である参議五人を公卿に加えたので、朝政を議させたので、公卿は計十三人となった。

実務は弁官局が行い事前の審査をして太政官の決済を仰ぐ。これを受けて公卿がそれぞれ分担して上卿《しょうけい》という責任者となって決済をする。ただし参議は単独で決済はできない。重要事項は合議となる。なお少納言は天皇に近侍し、小事の奏上、印の出納などをつかさどる。

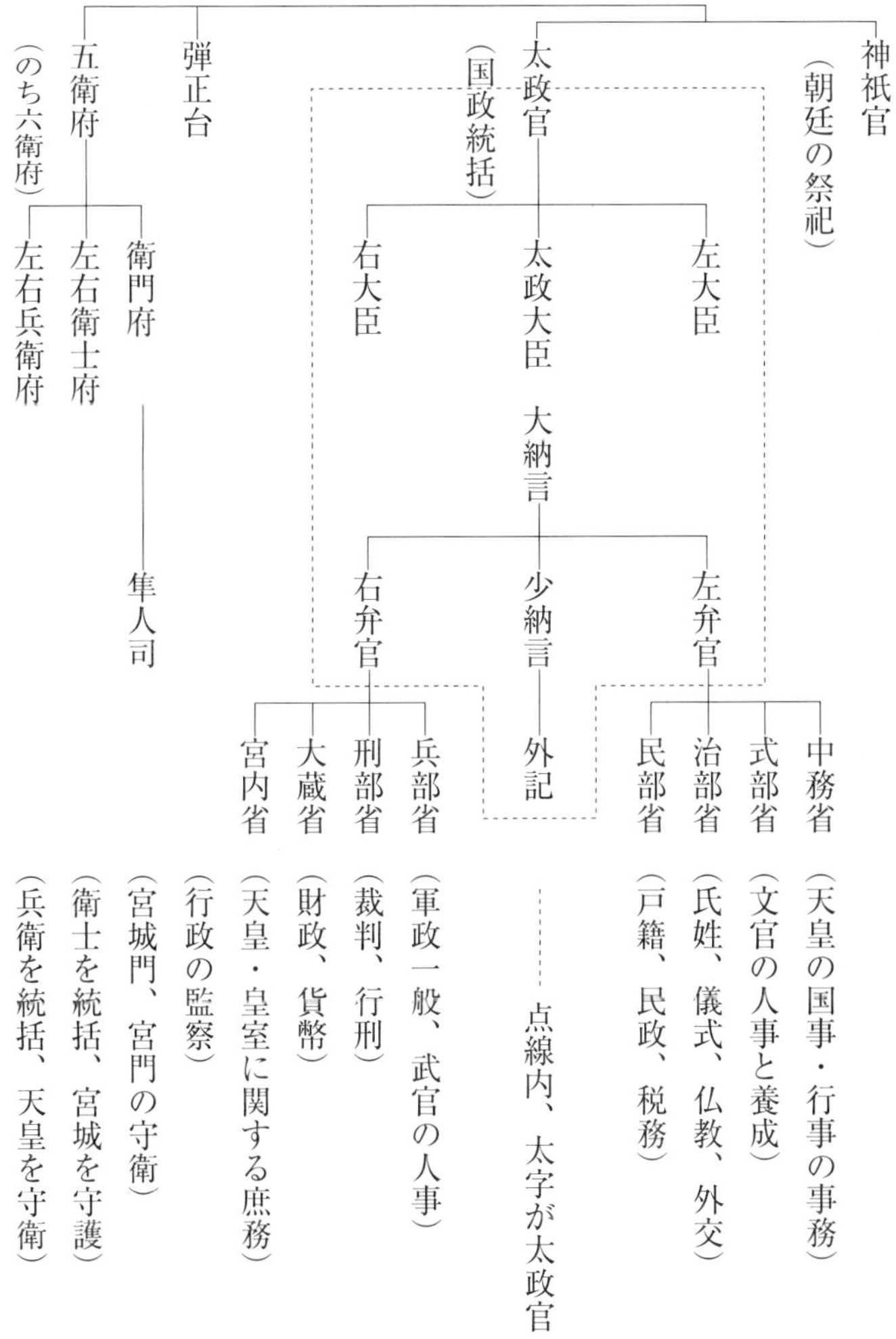
神祇官
（朝廷の祭祀）
太政官
（国政統括）
左大臣
太政大臣
右大臣
大納言
左弁官
少納言
右弁官
中務省
式部省
治部省
民部省
外記
兵部省
刑部省
大蔵省
宮内省
弾正台
五衛府
（のち六衛府）
衛門府
左右衛士府
左右兵衛府
隼人司
（天皇の国事・行事の事務）
（文官の人事と養成）
（氏姓、儀式、仏教、外交）
（戸籍、民政、税務）
……点線内、太字が太政官
（軍政一般、武官の人事）
（裁判、行刑）
（財政、貨幣）
（天皇・皇室に関する庶務）
（行政の監察）
（宮城門、宮門の守衛）
（衛士を統括、宮城を守護）
（兵衛を統括、天皇を守衛）

律令制度は基本的に中国（唐）の制度を取り入れたものだが、太政官に一本化せず、形式的にせよ神祇官を独立させ、弾正台の監察機能とあいまって権力の過度な集中を防いでいる。

4、地方官制

諸国　国（国司）　郡（郡司）　里《り》（里長）　郷（郷長）
　　　　　軍団（規定は兵士一千人だが、国によって五百人、五百人未満の場合もあった）
　　左右京職　坊（京内の行政一般）
要地　東西市司
　　摂津職（難波津を含む摂津国の行政一般）
　　太宰府　防人司（西海道諸国の統括、外交事務、防衛）
　　鎮守府（陸奥）

5、身分、位階

身分位階は、国家秩序形成と人心把握の点から重要視された。

身分　天皇、皇親
　　貴族（貴・三位以上、通貴・五位以上）、
　　役人　六位～八位、初位、
　　公民、雑色人

品位（ほんい）

親王、内親王に一品から四品の品位を与えた。品位には品田《ほんでん》、品封《ほんぷ》（封戸のこと）が付いた。

位階

正一位　従一位　正二位　従二位　正三位　従三位
正四位上　正四位下　従四位上　従四位下　正五位上　正五位下　従五位上　従五位下
正六位上　正六位下　従六位上　従六位下　正七位上　正七位下　従七位上　従七位下
正八位上　正八位下　従八位上　従八位下　大初位上　大初位下　少初位上　少初位下

位階にともなう特権

	位田	位封	位禄				季禄				位分
			絁	綿	布	庸布	絁	綿	布	鍬	資人
	町	戸	疋	屯	端	常	疋	屯	端	口	人
正一位	八〇	三〇〇					三〇	三〇	〇〇	一四〇	一〇〇
従一位	七四	二六〇					三〇	三〇	〇〇	一四〇	一〇〇

正二位	六〇	二〇〇					二〇	二〇	六〇	一〇〇	八〇
従二位	五四	一七〇					二〇	二〇	六〇	一〇〇	八〇
正三位	四〇	一三〇					一四	一四	四二	八〇	六〇
従三位	三四	一〇〇					一四	一四	四二	八〇	六〇
正四位	二四		一〇	一〇	五〇	三六〇	八	八	二二	四〇	四〇
従四位	二四		八	八	四三	三〇〇	七	七	一八	三〇	三五
正五位	一二		六	六	三六	二四〇	五	五	一二	二〇	二五
従五位	八		四	四	二九	一八〇	四	四	一〇	二〇	二〇
正六位							三	三	五	一五	
従六位							三	三	四	一五	
正七位							二	二	四	一五	
従七位							二	二	三	一五	
正八位							一	一	三	一五	
従八位							一	一	三	一〇	
大初位							一	一	二	一〇	
少初位							一	一	二	五	

蔭位（おんい）

蔭位とは令制で、父祖の位階によってその子孫も一定の位階を授けられた。五位以上の者の子と三位以上の者の孫は二一歳になると、一定の位階に叙し、相当の官職に任命された。

官人	嫡子	庶子	嫡孫	庶孫
一位	従五位下	正六位上	正六位上	正六位下
二位	正六位下	従六位上	従六位上	従六位下
三位	従六位上	従六位下	従六位下	正七位上
正四位	正七位下	従七位上		
従四位	従七位上	従七位下		
正五位	正八位下	従八位上		
従五位	従八位上	従八位下		

「五位鷺」というのがある。醍醐天皇が京の神泉苑に遊んだ時、鷺を見て五位の位を授けたところから五位鷺という名が生まれた。この五位とは正五位、従五位のことで、五位以上は勅授であり、正六位以下とは処遇に格段の差がある。五位にならないと昇殿が許されず、五位以上が貴族といえる。江戸時代の大名とその世子は従五位に叙せられた。

6、勲位

律令国家が功労のあった者に勲一等から勲十二等までの勲位を与えた。武位といい、中国の唐の制度にある勲等十二級を模したものである。正三位から従八位下に相当する傍系位階として規定され、大宝元年（七〇一）に初めて施行された。

唐の勲等は上柱国から武騎尉に至る十二級だったが、日本の勲位の名は固有名詞ではなく数詞とし、また唐の文位の上柱国の相当文位が正二品であるのを二階級下げ、正三位に勲一等を相当させるなどの改定をしている。

唐では叙勲の対象を征鎮勲と余汎勲に区別していたが、日本ではそれを受け継ぎながら征鎮勲に重点を置いていた。施行以来、八世紀の半ばごろまでは、蝦夷・隼人などの辺境を征討した者や陸奥按察使の管内の開墾者が多く、余汎勲としては聖武天皇即位の際の叙勲などがあるだけであった。

やがて藤原仲麻呂（恵美押勝）の乱の後の論功行賞では従軍した将兵以外の文官や女官まで叙勲された。さらに征討を祈願した神社にも勲位が授与された。

しかし藤原純友の乱の後で宗像神社に授与された勲位を最後に勲位乱発の現象も姿を消し、勲位そのものも平安時代中頃には廃止された。

明治八年、明治政府によって勲一等から勲八等までの勲位が設けられ、翌九年から今日のような勲章が授与されるようになった。

7、官と位＝官位

官は官職で、位は位階である。太政大臣は職で、正一位または従一位はこれに相当する位である。太政大臣が正一位または従一位なら、官職と位階が見合っているので「官位相当」という。

8、神位・神階

律令国家は神にも品位、位階、勲位を贈っていた。これを神位または神階という。

とくに勲位については、乱の鎮圧を神に祈願した朝廷が、乱の後で贈った場合が多い。

9、中国との重要な相違点

律令時代の官制は中国に範を取ってはいるが、中国との重要な相違点がいくつもある。

その代表的なものは太政官と並列させた神祇官の存在である。実質的には神祇官のウエイトは軽い。しかし権力が太政官に一極集中することを巧みに防いでいるのである。

また太政官の八省を左と右の弁官に四省ずつ分けているのも同様な観点から注目される。

さらに実情に則して日本独自の令外（りょうげ）の官を設定していく。それは平安時代になって顕著な傾向となるが、すでに奈良時代からその萌芽がある。

第3章　平安時代の支配機構と身分・位階・官職

（西暦七九四年〜一一九一年）

平安時代の政府の支配機構と身分・位階・官職は、基本的に律令時代の身分・位階・官職を受け継いでいるが、日本風の王朝政治の色が濃くなり、実情に応じて「令外《りょうげ》の官」が増えてくる。天皇を助言補佐する関白の常置が象徴するように、政治の実権を握る藤原氏の支配体制に適合したものとなっていく。

これが平安後期になると、武家による政治支配が強まり、最初の平家は藤原氏の役職を踏襲したが、やがて源氏の幕府政治となって王朝政治と決別する。

1、官職

朝廷の最高位は太政大臣で、左大臣、右大臣、内大臣と続く。左、右両大臣の制度が慣例化したのは大化の改新（六四五）であり、太政大臣は持統天皇の朱鳥四年（六九〇）に就任した高市皇子が最初とみられることは前章で既に述べた。

2、令外の官

政治の発展変化に応じて、律令の制度にない「令外（りょうげ）の官」が増えて来るのも平安時代の特徴である。

既に奈良時代に次の令外の官が現れた。

中納言　七〇五年設置　大納言を補佐、勅奏宣旨を司り、政務を議す
按察使（あぜち）　七一九年設置　数か国を管轄、地方行政を監督する
参　議　七三一年設置　中納言に次ぎ、朝政に参画
内大臣　七七一年設置　右大臣に次ぎ、太政官の政務を統理

さらに平安時代に入って次の令外の官が置かれた。

征夷大将軍　七九四年設置　蝦夷征討の軍司令官（臨時に置く）
勘解由使（かげゆし）　七九七年設置　国司交代の引継文書を監察
蔵人頭（くらうどのかみ）　八一〇年設置　詔勅・宣旨、機密事務に関与、下に蔵人がいる
検非違使（けびいし）　八一六年設置　主として都での賊逮捕、取締、のち裁判も扱う
押領使（おうりょうし）　八七八年設置　国の兵を率い地方の暴動鎮圧
（一〇世紀半ば以降は諸国に常置）
関　白　八八四年設置　政治の最高位、すべての奏上文を天皇より先に

追捕使（ついぶし）　九三二年設置　　治安を乱す凶賊を逮捕

見る

これを見ると、①政治権力の拡大にともなうもの、②治安の悪化、不正に対処するものの二つに大別される。

①は関白、内大臣、中納言、参議など、②は征夷大将軍、勘解由使、検非違使、押領使、追捕使などがそれに当たる。

3、摂政と関白

大臣の上には必要に応じ、摂政と関白が置かれた。摂政は天皇が幼少または病弱の時に天皇に代わって政治をみる、関白は成人した天皇を助言補佐することを本来の目的とし、皇親でない摂政は、清和天皇の貞観八年（八六六）の藤原良房が初めてであることは前に触れた。

この摂政の制度は、明治以降、現在もある。

大日本帝国憲法　第一七条　摂政ヲ置クハ皇室典範ノ定ムル所ニ依ル。摂政ハ天皇ノ名ニ於テ大権ヲ行フ

日本国憲法　第五条　皇室典範の定めるところにより摂政を置くときは、摂政は、天皇の名でその国事に関する行為を行ふ。（第五条）

皇室典範　第一六条　天皇が成年に達しないときは、摂政を置く。天皇が、精神若しくは身体の重患又は重大な事故により、国事に関する行為をみずからすることができないときは、皇室会議の議により、摂政を置く。

大学寮での官吏養成と高官の子との関係

律令体制を維持する官吏の養成は奈良、平安時代を通じ八省のうちの式部省の仕事であった。式部省には大学寮があり定員四百人の学生がいた。また諸国には国学があった。大学は五位以上の子・孫、東西史部（やまとかわちのふひとべ）の子、八位以上の子に入学資格があり、国学は郡司の子弟に限られていた。五位以上の子は蔭位の制度（33ページ参照）の恩恵に浴したから、国家試験を経るのは下級官吏が主であった。しかも庶民は大学、国学に入る道も閉ざされていたのである。

平安時代に入った大同元年（八〇六）の勅で「諸王及び五位以上の子・孫は、十歳以上になれば全員大学に入り教習を受けること、蔭位で出身する場合も一定期間、大学寮で学んだ後、舎人《とねり》に任用する」とされ、さらに天長元年（八二四）の官符では「二十歳以上の五位以上の子・孫は全員大学寮で経史を学ばせる」としており、高官の子も大学での学習が義務付けられたのである。

このあたり、摂政・関白の地位を占めた藤原氏と、官僚を手足として活用しようとする天皇、あるいは時には藤原氏一色とは限らない平安前期の大政官側との力の駆け引きも感じられる。

第4章　鎌倉、室町時代の幕府機構と身分・位階・官職

（西暦一一九二年〜一五七三年）

建久三年（一一九二）源頼朝が征夷大将軍となって幕府を鎌倉に開いてから政治の実権は朝廷から武家に移った。鎌倉時代、これに続く室町時代は、幕府機構が中心となり、位階・身分は形式的には朝廷、実質的には幕府がとりしきった。とくに官職は朝廷のものと幕府独自の官職が並立したが、幕府の官職が支配機構を運営した。幕府の最高位である征夷大将軍は、本来、奈良・平安時代に蝦夷を攻撃するための軍の指揮者である職名で、位階的には決して高いものではなかったが、源頼朝はこの官名を武士の最高位とみなし、この官名で日本を支配した。

武士台頭の原因の一つとして、律令制で国司の下にあった軍団の兵士を拠出する人民の負担が重いため、平安時代初期に、その大半を地方有力者の子弟から選んだ健児（こんでい）に代えたことが、地方豪族の武士化を促す要因となったことも見逃せない。

1、武家法としての貞永式目

鎌倉時代の将軍である源氏の系統は三代で途絶えたが、この後、執権という職名で、将軍の外戚北条氏が政治の実権を握った。

執権北条泰時は、律令以来の朝廷の法に対して武家を規制する武家法を制定した。これは「御成敗式目《ごせいばいしきもく》」または「貞永式目《じょうえいしきもく》」といわれるものである。律令を基本とした朝廷の法制度はそのままとして、武家に関する限りこの法で日本を実質的に支配した。

式目はわずか五十一か条で、まことに簡明であり、柔軟に補足したり、式目に規定がなければ朝廷の法の規定によるとしたあたり、朝廷に対抗するというよりは、繁雑に堕した律令では役に立たなくなった現実社会の要請に応えた面が大きい。

「貞永式目」は鎌倉幕府に続く室町幕府にも引き継がれ、徳川幕府にも大きな影響を与えた。五百年後の江戸時代の芭蕉が、「名月の出るや五十一か条」という句で、泰時をたたえたのもいかにこの法が歓迎されたかを物語っている。

2、鎌倉幕府と室町幕府の機構比較

幕府の機構をみると、鎌倉幕府と室町幕府の機構は酷似しているが、鎌倉に本拠を置く鎌倉幕府と、京・室町に本拠を置く室町幕府との重要な差もあった。それは鎌倉幕府が京と朝廷を支配する京都守護、六波羅探題があったのに対して、室町幕府は逆に関東を支配する関東（鎌倉）公方、関東管領を置かなければならなかったことに象徴される。

次ページに比較表を示す。

鎌倉幕府

- 将軍
  - 執権
  - 連署
  - 評定衆
    - 侍所別当
    - 公文所→政所別当
    - 問注所執事
    - 引付衆
  - 京都守護　六波羅探題
  - 長門探題
  - 鎮西探題
  - 奥州総奉行
  - 守護・地頭

室町幕府

- 将軍
  - 近習
  - 奉公衆
  - 管領
    - 政所執事
    - 評定衆
    - 引付衆
    - 問注所執事
    - 侍所所司
  - 関東公方　関東管領
    - 評定衆
    - 引付衆
    - 問注所
    - 政所
    - 侍所
  - 九州探題
  - 奥州探題
  - 羽州探題
  - 守護・地頭

将軍と位階

［鎌倉幕府］

第　一代	源　頼朝	正二位、権大納言
第　二代	源　頼家	従二位、左衛門督
第　三代	源　實朝	正二位、右大臣
第　四代	藤原　頼經	正二位、権大納言
第　五代	藤原　頼嗣	従三位、左中将
第　六代	宗尊　親王	一　品、中務卿
第　七代	惟康　親王	正二位、権中納言
第　八代	久明　親王	一　品、式部卿
第　九代	守邦　親王	二　品

（源氏は三代で途絶える）

［室町幕府］

第　一代	足利　尊氏	贈従一位、贈左大臣
第　二代	足利　義詮	贈従一位、贈左大臣
第　三代	足利　義満	従一位、　太政大臣
第　四代	足利　義持	従一位、　贈太政大臣
第　五代	足利　義量	贈従一位、贈左大臣

第　六代　　足利　義教　　従一位、贈太政大臣
第　七代　　足利　義勝　　贈従一位、贈左大臣
第　八代　　足利　義政　　従一位、贈太政大臣
第　九代　　足利　義尚　　従一位、贈太政大臣
第一〇代　　足利　義稙　　従一位、贈太政大臣
第一一代　　足利　義澄　　従一位、贈太政大臣
第一二代　　足利　義稙　　（再任）
第一三代　　足利　義晴　　贈従一位、贈左大臣
第一四代　　足利　義輝　　贈従一位、贈左大臣
第一五代　　足利　義栄　　従五位下、左馬頭
第一六代　　足利　義昭　　従三位、権大納言

鎌倉幕府と執権

鎌倉幕府は初代将軍源頼朝の没後、実質的な第一人者は執権となり、頼朝の外戚である北条氏が十六代にわたって世襲で独占した。初期を除いて執権は、幕府機構の文武のトップである政所と侍所の別当を兼ね、二重に実権を掌握していた。

［歴代執権］　1北条時政、2義時、3泰時、4経時、5時頼、6長時、7政村、8時宗、

9貞時、10師時、11宗宣、12煕時、13基時、14高時、15貞顕、16守時

守護大名と官位

この時代、諸国は国司に代わって守護の名で武士が事実上の支配を行った。これが守護大名と呼ばれ、戦国、江戸時代の大名へと続いていく。

この守護大名たちも将軍を通して、あるいは将軍の権威が弱まると直接、朝廷から位階・官職をもらうようになる。中には僭称した者もあった。この位階・官職を名乗ることが支配者としての体裁を整えることに効用があった。

豊臣秀吉の関白就任

織田信長が日本の政権を把握する直前、明智光秀に暗殺されると、信長の臣羽柴秀吉が急速に台頭し、明智光秀を破って信長の後継者となり、日本全土を制圧した。秀吉は源頼朝や足利尊氏のように征夷大将軍とはならず、朝廷に奏請して豊臣の姓をもらい、朝廷の最高官位である関白に天正一三年（一五八五）就任した。

公卿以外のいわば庶民の出である関白は空前のことだが、秀吉は関白職という地位で武家政治を行った。六年後、関白を甥の豊臣秀次に譲って、太閤（たいこう＝関白を引退した者の称）として実権を握り続けた。この間、秀吉は太政大臣の地位は離さなかったのである。

第5章　江戸時代の幕府機構と身分・位階・官職

（西暦一六〇三〜一八六七年）

1、朝廷と幕府

幕藩体制下の位階身分制度について考察する。律令体制の崩壊とともに武士が台頭し、やがて武家政治の時代となり、源頼朝の鎌倉幕府がその基礎を築いたが、徳川幕府によって武家政治は発展、定着した。

江戸時代、正一位、従一位を始めとする位階、武家に与えられる征夷大将軍を始めとする陸奥守、大膳太夫などの官職は徳川幕府が実質的に決定したが、形式的には天皇から与えられるものとなっていた。

2、徳川幕府の支配機構

将軍（征夷大将軍）を頂点として、老中が政治を行う幕府機構があって、

各地に所領を持つ大名を通じて全国を支配する。

幕府の役職　幕府の決定するもの。（別表参照）

大老、老中、若年寄を始めとする実質的な日本の統治機構の役職と徳川将軍家の職員。

収入（所領・禄高）

江戸時代を規定したのは基本的には所領である。米一万石以上の生産がある土地を所領とする者は大名であり、将軍の直臣であってもそれに満たない者は旗本とされる。もっとも所領一万石の大名の場合、そのすべてが収入となるのではなく、農民に六割を残し、四割を徴収する「四公六民」が慣習として行われた。従って一万石の大名の実収は四千石に過ぎない。一千石の旗本の実収は四百石ということになる。

この経済的な収入（禄高）を基礎に、名誉である位階・官職、それに実質的な幕府の職分の三つが重なって機能していったのである。

領地の配分

将軍直轄領（天領）	四〇〇万石	（一三・四％）
旗本知行地	三〇〇万石	（一〇・〇％）
大名領	二二五〇万石	（七五・〇％）
寺社領	四〇万石	（一・三％）
禁裏御料	三万石	（〇・一％）
公卿領	七万石	（〇・二％）

官位（位階と官職）

位階

武家に与える場合、幕府が朝廷に奏請し、叙位されるが、実質的な決定権は幕府にあった。
従一位　生存している者の最上階。武家では将軍だけである。
従五位下　大名の初任位階。大名の世子（跡継ぎ）も成年に達すると従五位下に叙せらた。位階は大名に限らず、高位の旗本に与えられる場合もあった。とくに高家（こうけ）と称する朝廷と儀礼上の交際に当たる名門旗本（吉良、今川など）は、禄高は数千石でも、数万石の大名より高位の従四位下に叙せられた。このように、幕府は収入（禄高）と名誉（位階）を巧みに使いわけたのである。
武家である将軍が就任しなかったのは、幼い天皇を代行する摂政、成長後の天皇を補佐する関白だけである。（摂政、関白は慣例に従って五摂家の公卿が勤めた。）

歴代将軍の位階

第　一代	徳川　家康	贈正一位、太政大臣
第　二代	徳川　秀忠	贈正一位、太政大臣
第　三代	徳川　家光	贈正一位、贈太政大臣
第　四代	徳川　家綱	贈正一位、贈太政大臣
第　五代	徳川　綱吉	贈正一位、贈太政大臣
第　六代	徳川　家宣	贈正一位、贈太政大臣

第　七代	徳川	家継	贈正一位、贈太政大臣
第　八代	徳川	吉宗	贈正一位、贈太政大臣
第　九代	徳川	家重	贈正一位、贈太政大臣
第一〇代	徳川	家治	贈正一位、贈太政大臣
第一一代	徳川	家齊	贈正一位、太政大臣
第一二代	徳川	家慶	贈正一位、贈太政大臣
第一三代	徳川	家定	贈正一位、贈太政大臣
第一四代	徳川	家茂	贈正一位、贈太政大臣
第一五代	徳川	慶喜	従一位、内大臣

大政奉還で辞任した慶喜を除いて全員、正一位、太政大臣を追贈されているのは、徳川政権が鎌倉、室町の両幕府政権に比べて抜群に安定していたことを物語る。しかも家康、秀忠、家齊の三人は生前、朝廷の最高官位である太政大臣に就いているのは、将軍では室町幕府の足利義満以外には例がない。

官職

朝廷の官職であるが、大名・旗本などに与えられる場合、幕府が朝廷に奏請し叙任されるが、実質的な決定権は幕府にあったのは位階と同様である。

征夷大将軍　将軍

大納言　尾張、紀伊　藩主

中納言　水戸　藩主

宰相　加賀前田家

＝以下、大名・高位の旗本に与えられるもの＝

守　陸奥、出羽、相模、下野、信濃など

介　常陸、上野　などの親王任国の国の場合は介となる

頭　内匠、雅楽、掃部　など

太夫　大膳、修理　など

正

身分　士農工商

士（武士）

将軍

大名（所領一万石以上）　親藩、譜代、外様の別がある。

直参　旗本　（所領一万石未満で原則二百石以上、将軍に目通りできる者）

御家人（将軍に目通りできず、原則的には所領でなく扶持米をもらう者）

陪臣
大名の家臣（藩士）
旗本・御家人の家臣

陪々臣
大名・旗本の家臣の家臣

卒（そつ）　大名の家臣の中で身分の低い者を、藩によっては、卒と呼ぶ場合もある。

以上、卒を除いて名字・帯刀が許される。

浪人（牢人）　失業した武士。名字・帯刀は認められる。

農　農民。庄屋を頂点とする百姓、小作農。

工　職人。

商　商人。

農工商の三階級は名字を名乗ったり、刀を帯びることが認められないが、功労のあった者には幕府または領主から名字・帯刀が許される。大庄屋や御用商人に多い。

士農工商の枠外の者

公卿

公卿の家臣　以上は名字を名乗り、帯刀する。

神職・僧侶　寺社奉行の支配を受ける。上級の神職は名字・帯刀。

医師・茶道など　名字を名乗れる場合があるが、その多くは幕府または大名に召し抱えられた者である。

以下は最下層の扱いを受ける者。

遊芸人

非人（乞食、または賎業に従事する者）

徳川幕府の法による統制

鎌倉幕府は貞永式目のような武家法を施行したが、徳川幕府はより広範な法度《はっと》を制定して統制を強めた。その代表的なものは、一六一五年秀忠の時に制定された①武家諸法度、②禁中並公家諸法度、③諸宗諸本山公諸法度で、これによって大名・旗本、天皇・公家、仏教寺院をそれぞれ統制、さらに慶安御触書（一六四九年）によって農民を統制した。公事方《くじかた》御定書（一七四二年）の下巻では刑法・刑事訴訟法的な規定がなされ、また度重なる御触書《おふれがき》によって庶民を拘束した。

３、徳川幕府支配機構の特色

二百七十年継続出来た二つの要因

福沢諭吉は「家老の子は家老、足軽の子は足軽。封建制度は親の仇でござる」といった。本当にそうであろうか。

徳川幕府支配機構の特色は大きく言って二つある。一つは官僚となるべき人材の登用と、もう一つは権力の分散である。

人材登用に足高制

第一の人材の登用についていえば、幕府の役職に就ける家柄は禄高によって決まっている。たとえば諸大名を監察する大目付は禄高三千石級の旗本から選ばれる。しかし三千石級に適任者がいなければ下位の者から適任者を選ぶ。禄高一千石の者が大目付になると、在任中は二千石の足高が与えられ、計三千石となって勤めを果たし、役職を離れると元の一千石に戻る。これは諸大名の下で藩政を司る家老にしても同様で、家老になれる家柄はあるが、親から受け継ぐのは封禄（禄高）だけで役職を受け継ぐわけではない。不適任であれば家老の子でも家老になれない。能力のある者の登用は大胆に行われていた。小身の旗本から大名に出世し、幕政を動かした柳沢吉保、田沼意次のような者もいる。これは本人の能力が最大の要因だが、出世が目覚ましいと「上にへつらい、下からは賄賂をとった」などといわれる。しかし今日では田沼意次の政治は開明的であったと高く評価（辻善之助）されている。柳沢も再評価される日が来るであろう。

幕府の支配系統

（＊印は評定所を構成または参画）

- 将軍
  - 大老
  - 老中*
    - 大番頭──大番組頭──大番衆
    - 大目付*
    - （江戸）町奉行*──町役人 町年寄・町名主──地主・家持──市民
      - 養生所医師
    - 勘定奉行*
      - 幕府直轄領（天領）の支配
        - 郡代、代官──村方三役（名主、組頭、百姓代）──本百姓 名子・被官──水呑百姓
    - 勘定吟味役*
    - 関東郡代
    - 道中奉行（大目付が兼務）
    - 小普請支配──小普請組支配組頭──世話取扱──小普請
    - 駿府城代
    - 京都町奉行・大坂町奉行
    - 大坂定番・大坂在番・大坂加番
    - 伏見奉行・堺奉行・奈良奉行・山田奉行・長崎奉行・佐渡奉行
    - 高家
  - 側衆
  - 側用人

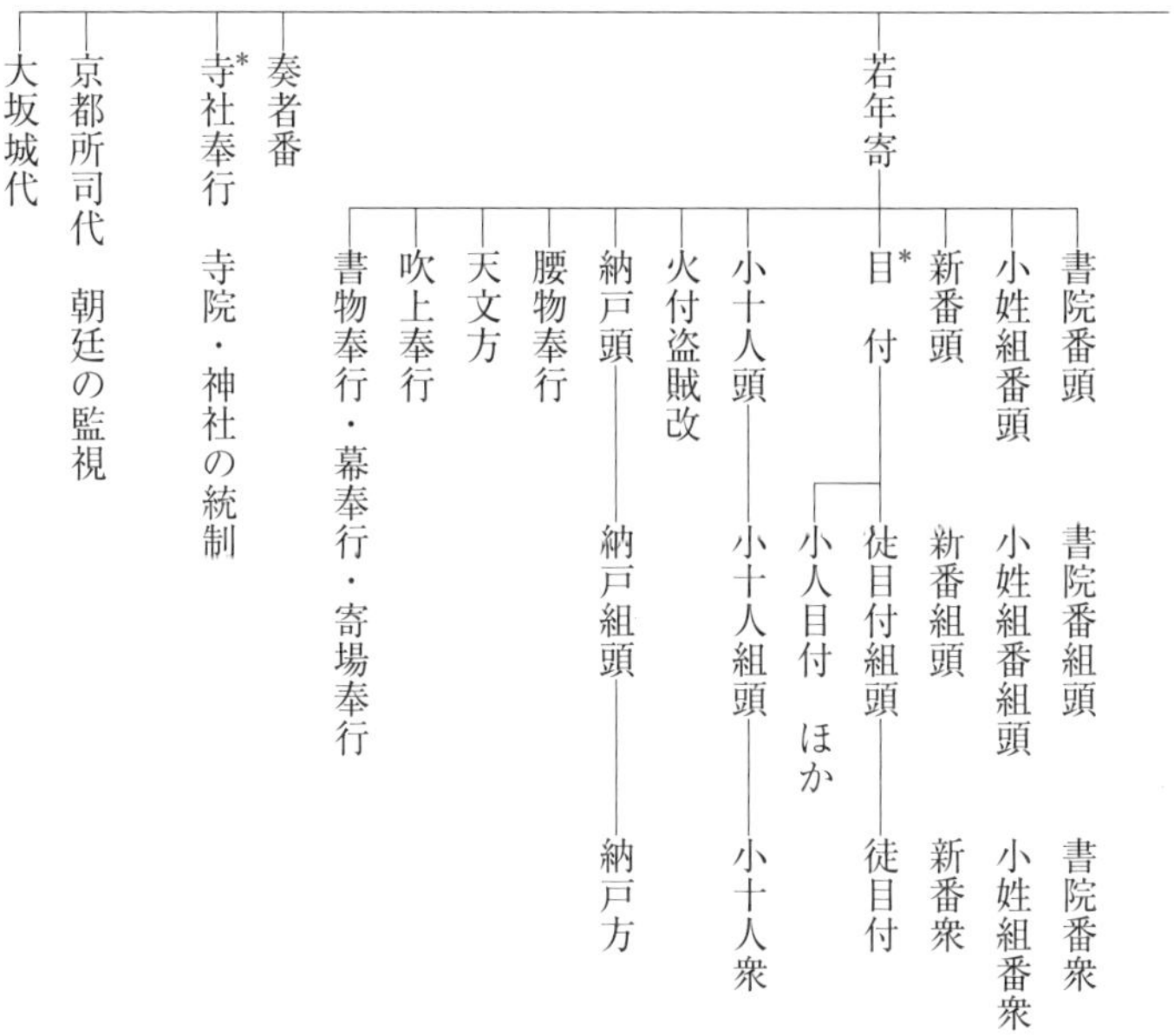
大坂城代
京都所司代　朝廷の監視
寺社奉行*　寺院・神社の統制
奏者番
若年寄
書院番頭
書院番組頭
書院番衆
小姓組番頭
小姓組番組頭
小姓組番衆
新番頭
新番組頭
新番衆
目付*
徒目付組頭
徒目付
小人目付　ほか
小十人頭
小十人組頭
小十人衆
火付盗賊改
納戸頭
納戸組頭
納戸方
腰物奉行
天文方
吹上奉行
書物奉行・幕奉行・寄場奉行

同一役職の複数制

第二の権力の分散を示すものは同一役職の複数制である。また大目付に例をとれば同時に五人（幕末には十人）いるのが通例である。幕府の政治担当者である老中も四、五人いる。この四、五人が今日の内閣の閣僚のように役割分担するのでなく、一部細部の分担はあっても基本的には協同し、合議の上で同一の職務を遂行する。これによって独断専行を防ぎ、汚職の防止にも繋がる。幕府政治の最高職である大老は一人だが非常の場合を除いて置かれなかった時期が多い。

また江戸奉行のように即決を必要とする役職でも北と南の二人の奉行がいて、北と南の地域分担をするのでなく、一か月交替で事案を処理し、重要案件は、さらに上部の評定所の合議があり、それには自身も参加して行われるのである。（54、55ページ図参照）

＊

以上の二つの巧みな制度によって近代世界にも稀れな二百七十年の平和のうちに幕藩体制が維持できたのである。福沢諭吉の言うように「家老の子は家老、足軽の子は足軽」だったら、二百七十年どころか百年も持たずに制度疲労を起こしていたであろう。

4、各藩の支配機構

各藩の役職　（各藩が独自に決定するもの）

江戸時代の大名は約二百七十家ほどあり、徳川幕府の統制下に、各領内では独立国的な権限を行使していた。その一般的な支配機構をみてみよう。

大名　（城主、館主）

身分

一門　（直接内政にかかわらず、家老にもならない）

上士　（家老などの役職に就く）、下士

役職

城代　（陣代）

家老　（奉行と呼ぶ藩もある）

郡奉行　代官　村方三役　（名主、組頭、百姓代）

本百姓　名子・被官

水呑百姓

奉行

江戸留守居役

以下に二百七十の大名家のうち代表的な仙台の伊達家と、薩摩の島津家の場合をみてみよう。

なお伊達藩では家老といわず奉行もしくは執政・国老と称していた。

伊達藩の支配構造

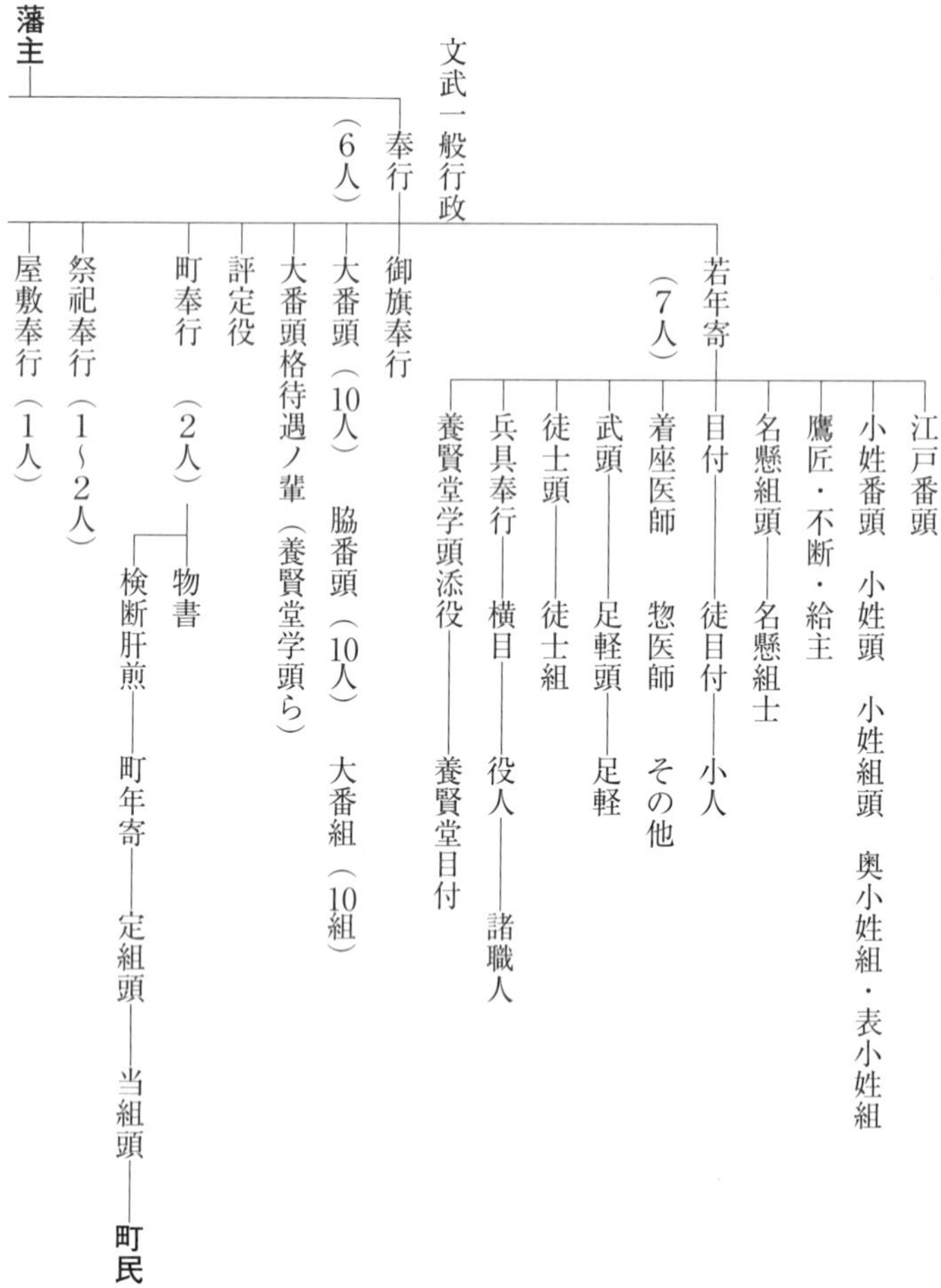
藩主
文武一般行政
奉行（6人）
若年寄（7人）
江戸番頭
小姓番頭　小姓頭　小姓組頭　奥小姓組・表小姓組
鷹匠・不断・給主
名懸組頭　名懸組士
目付　徒目付　小人
着座医師　惣医師　その他
武頭　足軽頭　足軽
徒士頭　徒士組
兵具奉行　横目　役人　諸職人
養賢堂学頭添役　養賢堂目付
御旗奉行
大番頭（10人）　脇番頭（10人）　大番組（10組）
大番頭格待遇ノ輩（養賢堂学頭ら）
評定役
町奉行（2人）
物書
検断肝煎　町年寄　定組頭　当組頭　町民
祭祀奉行（1～2人）
屋敷奉行（1人）

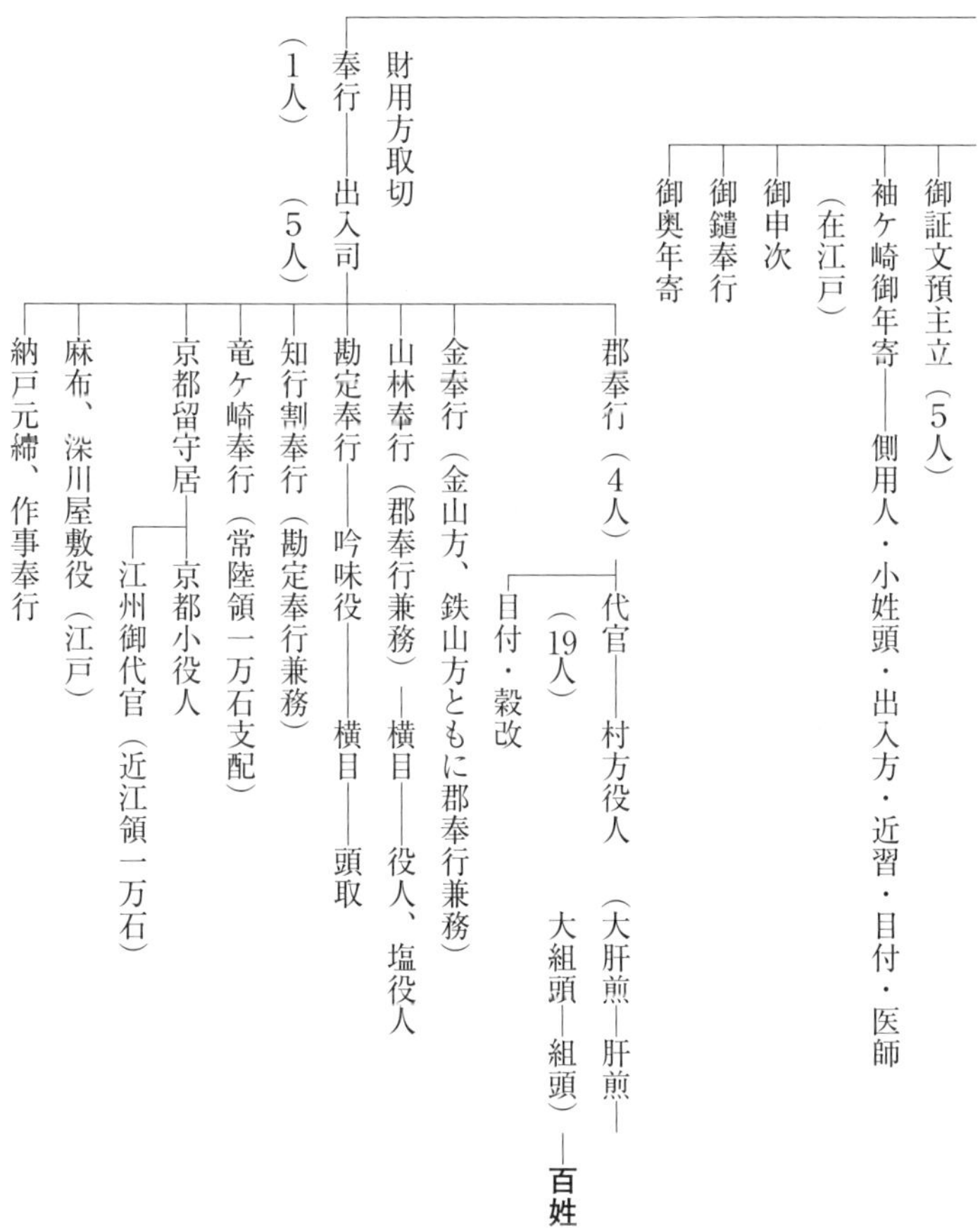
御証文預主立（5人）
袖ケ崎御年寄―側用人・小姓頭・出入方・近習・目付・医師
（在江戸）
御申次
御鑓奉行
御奥年寄
財用方取切
奉行（1人）
出入司（5人）
郡奉行（4人）
代官（19人）
村方役人
（大肝煎―肝煎―大組頭―組頭）
百姓
目付・穀改
金奉行（金山方、鉄山方ともに郡奉行兼務）
山林奉行（郡奉行兼務）
横目
役人、塩役人
勘定奉行
吟味役
横目
頭取
知行割奉行（勘定奉行兼務）
竜ケ崎奉行（常陸領一万石支配）
京都留守居
京都小役人
江州御代官（近江領一万石）
麻布、深川屋敷役（江戸）
納戸元締、作事奉行

島津藩の支配構造

（＊印は藩主直達の役）

- 藩主
  - 城代*
    - 表方家老*
      - 大目付
        - 裁許係
        - 目付
          - 徒目付
            - 下目付
          - 表横目・外城横目
          - 座横目（蔵方目付）・場締横目
      - 大番頭
        - 新番・小番
      - 寺社奉行
        - 寺社方取次
      - 町奉行
        - 筆者
      - 江戸留守居
      - 京都留守居
      - 大坂留守居
      - 物頭
        - 鎗奉行・弓奉行・鉄炮奉行
      - 長崎付人
      - 異国船掛（異国掛）
      - 宗門改役
      - 琉球在番奉行（在琉球）
    - 側役（近習役）
      - 徒見附・筆者
    - 納戸奉行
      - 腰物役・時計役・筆役・蔵役一度方・
      - 膳方包丁人・料理人
    - 広敷用人
      - 添用達・広敷番・広敷横目

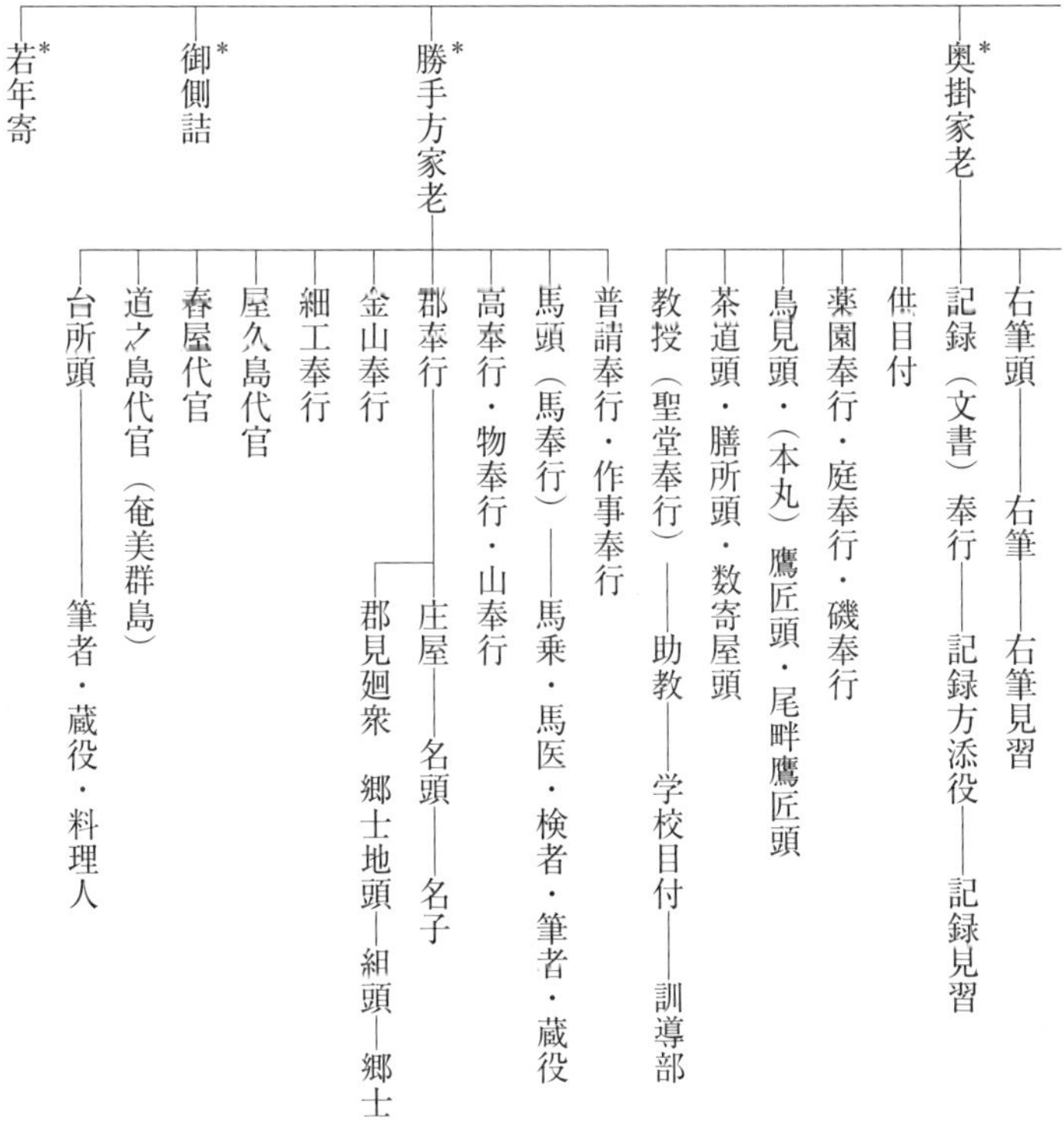
奥掛家老*
右筆頭―右筆―右筆見習
記録（文書）奉行―記録方添役―記録見習
供目付
薬園奉行・庭奉行・磯奉行
鳥見頭・（本丸）鷹匠頭・尾畔鷹匠頭
茶道頭・膳所頭・数寄屋頭
教授（聖堂奉行）―助教―学校目付―訓導部
勝手方家老*
普請奉行・作事奉行
馬頭（馬奉行）―馬乗・馬医・検者・筆者・蔵役
高奉行・物奉行・山奉行
郡奉行
庄屋―名頭―名子
郡見廻衆　郷士地頭―組頭―郷士
金山奉行
細工奉行
屋久島代官
春屋代官
道之島代官（奄美群島）
台所頭―筆者・蔵役・料理人
御側詰*
若年寄*

第6章　明治〜昭和（戦前）の官僚機構

（西暦一八六八〜一九四五年）

1、太政官から内閣へ

徳川幕府の第一五代将軍徳川慶喜は慶応三年（一八六七）一〇月一四日、政治の権を朝廷に返す「大政奉還」を行った。代わった明治政府は、天皇の権威を表面に出すと共に、形式的には太政官を設けて政治の最高権力とし、やがてこれが内閣制度に移って行く。

また民意を反映する国会も設け、憲法も制定した。

大日本帝国憲法

大日本帝国憲法は明治二二年（一八八九）二月一一日発布された。

天皇　元首。統治権を総攬。（憲法第一、四条）

天皇は帝国議会の協賛を得て立法権を行う。（憲法第五条）

天皇は陸海軍を統帥。（憲法第一一条）

天皇を国務各大臣が輔弼。法律勅令は国務大臣の副署を要す。（憲法第五五条）

天皇の名において法律により裁判所が司法権を行う。（憲法第五七条）

大日本帝国憲法の特質

天皇を中心としているが、実際は三権分立を巧みに構成している柔軟な面もある。しかしその柔軟性が憲法第一一条の統帥権のように、軍部によって悪用される結果を招く原因ともなった。

2、官職の行政、立法、司法による区分

職を行政、立法、司法に分けると、次のようになる。

このうち行政と司法は官である。立法府も議員を除いた職員は官吏である。

行政の中には軍も入る。したがって行政官吏は文官と武官に分かれる。

主として内閣によって形成される官僚制度を人的な面から見ると、官と職がある。

行政官、内閣

内閣総理大臣を頂点とする行政府。内閣を組織する各省大臣、以下、次官、局長、課長と課員、それに外局と、地方の出先機関の長と職員（文官）がいる。

軍人（武官）も将校は高等官、下士官は判任官で官吏である。

内閣制度

内閣制度は明治一八年（一八八五）一二月に発足。初代の内閣総理大臣は伊藤博文。それまでの太政官に代わって政治の中枢機関となる。

内閣の各省

［内閣発足当時］　外務、内務、大蔵、陸軍、海軍、司法、文部、農商務、逓信　の九省

［太平洋戦争終結当時］　外務、内務、大蔵、陸軍、海軍、司法、文部、農商、軍需、運輸通信、大東亜、厚生　の十二省

内務省の権力

各省の中で官庁としての権力を持っていたのは内務省である。同省の地方局を通じ官吏である各府県知事を統轄し、警保局を通じ全国の警察を統轄していた。

内閣に属さない官

枢密院　天皇の諮詢に応え重要な国務を審議（明治二一年設置）議長、副議長、顧問官。

内大臣府　　内大臣

宮内省　　宮内大臣

以上に属する職員

帝国議会、裁判所、検察関係　　の事務職員も行政官的な文官である。

司法官

裁判官　大審院、控訴院（各地方）、地方裁判所（各府県）を軸とする三審制。

大審院長、控訴院長、地方裁判所長のほかそれぞれに裁判官である判事がいる。

検察官　検事総長、検事長、検事正のほか検事がいる。

官と職、文武官の比較・対比

官
親任官　天皇によって親しく任命される。
高等官　勅任官＝高等官一等〜二等、
　　　　奏任官＝高等官三等〜九等）、
　　　　判任官
軍人の官位　陸海軍大将〜少尉、下士官
　　　なお大将の中の上位である元帥は階級ではなく、称号である。

職
内閣総理大臣、国務大臣、各省次官、局長、課長など
［親補職］天皇によって親しく補職される。
陸軍　＝参謀総長、教育総監（以上を、陸軍大臣と合わせ陸軍三長官といい、新内閣の組閣に当たって陸軍大臣を推挙する絶対的な権力を振った）、このほか軍司令官、師団長などの職。
海軍　＝軍令部総長、艦隊司令長官、鎮守府司令長官、後に警備府司令長官なども
陸海軍＝軍事参議官、侍従武官長
［補職］親補職以外の軍人の職。

文武官の任用

文官は任用試験の合格者をもって当てることを原則とする。

高等試験（高等官に任用）　俗に「高文試験」という。

受験資格・旧制高等学校卒業者または大学予科終了者、及び検定合格者

①行政科試験　奏任文官

②外交科試験　外交官、領事官

③司法科試験　判事、検事、昭和一一年から弁護士試補も

普通試験（判任官に任用）　受験資格・旧制中学校卒業者、及び検定合格者

陸海軍人将校（高等官）は以下の学校卒業者を見習士官（海軍は少尉候補生）とし、その後に、少尉に任官させる。

陸軍　陸軍士官学校、陸軍航空士官学校（航空科）、及び陸軍経理学校（経理科）

海軍　海軍兵学校、海軍機関学校（機関科）、及び海軍経理学校（主計科）

陸海軍とも軍医は大学・医専の学生を委託学生とし、見習士官を経て少、中尉に任官させる。

上級官吏養成機関としての帝国大学法学部

戦前の高等試験受験資格は旧制高校卒業者だが、実際の合格者は帝国大学法学部卒業者が多かった。帝大に法学部があるのは東京、京都だけで、東北、九州、京城の三帝大は法文学部の中にある法科で人数も少なく、北海道、大阪、名古屋、台北の四帝大は法科そのものが戦前はなかっ

た。私立の早稲田、慶応、明治、法政、中央、日本、国学院、同志社が大学令による大学となったのは大正九年四月で、このようなことから東京帝大出身者が高級官僚の多くを占めていた。

親任官と勅任官

日中事変の始まる前年・昭和一一年（一九三六年）の親任官と勅任官は次の通り。

親任官と俸給（カッコ内は昭和11年の年俸額）

文官　Ⅰ、総理大臣（九六〇〇円）、Ⅱ、各省大臣、朝鮮総督（六八〇〇円）、Ⅲ、枢密院議長、特命全権大使、大審院長、検事総長、台湾総督、会計検査院長、行政裁判所長官（六六〇〇円）、Ⅳ、対満事務局総裁、枢密院副議長、朝鮮政務総監（六二〇〇円）、Ⅴ、枢密顧問官（五八〇〇円）

武官　陸海軍大将（六六〇〇円）

主な勅任官と俸給（カッコ内は昭和11年の年俸額）

文官　Ⅰ、帝国大学総長、北海道庁長官（六二〇〇円〜五八〇〇円）、Ⅱ、内閣書記官長、法制局長官、内閣調査局長官、各省政務次官、各省次官、内務技監、朝鮮高等法院長、台湾総務長官、警視総監（五八〇〇円）、Ⅲ、府県知事（五三五〇円〜四六五〇円）など以下略

武官　陸海軍中将・同相当官（五八〇〇円）、陸海軍少将・同相当官（五〇〇〇円）

文武官の比較・対応

	勅任官				奏任官			
親任官	高等官一等	同二等	同三等	同四等	同五等	同六等	同七等	同八等	同九等
陸海軍大将	中将	少将	大佐	中佐	少佐	大尉	中尉	少尉	

立法府

帝国議会　明治二三年（一八九〇）設立

貴族院と衆議院で構成。（憲法第三三条）

すべて法律は帝国議会の協賛を要す。（憲法第三七条）

貴族院議員　（昭和21年）

皇族議員　（成人・終身）　一一人

公爵議員　（成人・終身）

侯爵議員　（成人・終身）　二四人

伯爵議員　（互選）定数　一八人

子爵議員　（互選）定数　六六人

男爵議員　（互選）定数　六六人

学士院議員　（互選）定数　四人

勅選議員　　　　　　　　定数　一二五人
＊勅選議員（朝鮮・台湾在住）定数　一〇人
　伊東　致、金田　明、韓　相龍、朴忠重陽、伯爵野田鐘憲、子爵李埼鎔、（1人欠）許
　　丙、緑野竹二郎、林　献堂
多額納税議員　（互選）定数　　六六人

＊朝鮮・台湾への選挙権付与と、朝鮮・台湾人からの勅選貴族院議員任命

昭和一九年九月六日召集の第八十五臨時議会で朝鮮・台湾同胞の処遇改善が小磯首相によって表明され、ついで昭和二十年三月二二日、第八十六議会で衆議院選挙法改正法案、翌日貴族院令改正案が可決成立した。この結果、朝鮮・台湾から十人の勅選議員が任命された。衆議院選挙権の付与も決定し、昭和二〇年四月一日以降に総選挙が朝鮮・台湾で行われることも決定したが、戦局の激化で実施できなかった。


衆議院議員　　成年男子による選挙によって衆議院議員が選出される。

当初は一定の所得がある者と男子に限られた制限選挙であった。

所得制限が撤廃された選挙を普通選挙いわゆる普選というが、「普選法」（衆議院議員選挙法改正）が公布されたのは大正一五年五月五日であり、実施されたのは昭和二年二月二〇日の総選挙からだが、婦人の参政権は太平洋戦争後に待たねばならなかった。

皇室財産

明治政府は天皇の経済的な基盤として宮城を始めとする離宮、土地などの皇室財産を「世傳御料地」と定めた。その法的根拠は明治二三年の勅書による。

*

朕皇室典範ニ依リ枢密顧問ノ諮詢ヲ經左記ノ土地物件ヲ世傳御料地ト定ム

御　名　御　璽

明治二十三年十一月二十七日

宮城（東京府）、赤坂離宮（同）、青山御所（同）、濱離宮（同）、芝離宮（同）、京都皇宮（京都府）、二條離宮（同）、桂離宮（同）、修學院離宮（同）、函根離宮（神奈川縣）、正倉院寶庫（奈良縣）、

三年町御料地（東京府）、高輪御料地（同）、上野御料地（同）、南豊島御料地（同）、函根御料地（神奈川縣）、畝傍山御料地（奈良縣）、度會御料地（三重縣）、富士御料地（静岡縣、山梨縣）、天城御料地（静岡縣）

「世傳御料地」には以後、各地に作られた天皇の別荘である御用邸も加わった（葉山、日光、那須など）。以上の皇室財産は宮内省（宮内大臣）によって管理され、林野などは帝室林野庁（帝室林野庁長官）が管理に当たった。「皇室は最大の財閥だった」という言葉もうなづける。

戦後、これら皇室財産の多くは宮城と一部御用邸を除いて皇室の手を離れた。

第7章　現代日本の官僚機構

（西暦一九四六年〜　）

現在の日本では官僚制度は、太平洋戦争後、大日本帝国憲法に代わる日本国憲法（昭和二二年五月三日）のもと、「民主化」されたことになっているが、内閣制度を始めとして、戦前の制度を引き継いだものも多い。

天皇は元首から象徴に

大日本帝国憲法では、統治権の総攬者（第一、三条）で、元首（第三条）であった天皇は、日本国憲法では「日本国の象徴で国民統合の象徴」とされ（第一条）、主権は国民にあるものとされた。

1、行政・立法・司法の関係

行政・立法・司法三権の分立は、旧帝国憲法もその原則を踏まえていたが、日本国憲法ではより明確な形で規定された。

行政は内閣を主体とする政府に、立法は国会に、司法は裁判所に委ねられている。しかし相互にまったく独立したものではない。

行政府の長である内閣総理大臣は衆議院の指名による。また内閣を構成する国務大臣の過半数は国会議員でなければならい。

国会は裁判所に対して裁判所の設置を法律で定め、弾劾裁判所を設置する権限を持つ。

一方、内閣は衆議院の解散を天皇の国事行為という形で実質的に行うことができる。

また内閣は裁判官を任命する。

裁判所は国会、ならびに内閣に対して違憲審査権を発動できる。

このように三権はまったく独立しているのではなく、それぞれが制約を受ける。

しかし国家予算が国会の承認を必要とすることに代表されるように、立法府である国会の優位は明らかであり、国会の中でも衆議院に予算の先議権があり、予算について参議院が衆議院と異なった議決をした場合に両議員の協議会を開いても意見の一致しないとき、又は参議院が衆議院の可決した予算を受け取った後、国会休会中の期間を除いて三十日以内に議決をしないときは、衆議院の議決を国会の議決とする。また条約の国会承認、法律案の議決についても、衆院優位の規定があり（憲法第五九、六〇、六一条）、衆議院の第一院としての性格が明瞭になっている。

自衛隊の法的地位

現行の日本国憲法は第九条で「戦争の放棄」と「陸海空軍その他の戦力を保持しない」ことを規定している。従って、日本の自衛隊は他国の軍隊とはその性格を異にし、旧帝国憲法とも明確に異なる。自衛隊の組織は、内閣総理大臣を最高指揮官として、防衛庁長官による文民統制（シビリアン・コントロール）が確立されている。

2、行政府

国　政府

行政権は内閣に属する。（日本国憲法第六五条）

内閣　内閣は、その首長である内閣総理大臣及びその他の国務大臣で組織する。（日本国憲法第六六条）

内閣総理大臣　内閣総理大臣は、内閣を代表して議案を国会に提出し、一般国務及び外交関係について国会に報告し、並びに行政各部を指揮監督する。（日本国憲法第七二条）

内閣の各省　（平成16年8月1日現在）

総務、法務、外務、財務、文部科学、厚生労働、農林水産、経済産業、国土交通、環境の十省と防衛庁の一庁の大臣、これに沖縄・北方、金融、国家公安委員会、科学技術、経済財政、規制改革、防災の各担当大臣と、総理大臣、官房長官を加えて十八人の国務大臣で内閣が構成されている。

内閣以外の官　会計検査院（日本国憲法第九〇条）国の決算を検査する。

審議会の存在

戦後の行政面でやたらに増えたものに各種の審議会がある。審議会は国家行政組織法に規定するところの八条機関に当たる。すなわち特定の行政機関（各省など）の意思決定を補助するもので、行政に国民の声を反映させることになっている。しかし当該省の方針に乖離した者が委員に選ばれることは少なく、いても少数で、その結論は当該省の規定方針に沿った場合が多く、行政に民主化の装いをこらすだけの存在となっている場合も少なくない。

現在の官と職

現在の官と職の区別はほとんどなく、一体化している。しかし局長、課長などは職で、事務官、技官などの称は官ともいえる。

親任式と認証式

親任式を行うのは内閣総理大臣と最高裁判所長官だけで、他の国務大臣などは認証式を行う。

認証官

就任に当たって認証式が行われる者。

国務大臣　二十人。
最高裁判所判事　十四人。　高等裁判所長官　八人。
検事総長　一人。　最高検次長検事　一人。　高検検事長　八人。
人事院総裁および人事官　三人。（三人の中から総裁を互選）
会計検査院長および検査官　三人。（三人の中から院長を互選）
宮内庁長官　一人。　侍従長　一人。

公正取引委員会委員長　一人。

特命全権大使、特命全権公使

国家公務員の特別職と一般職

国家公務員は特別職と一般職に分かれる。

特別職となるもの。

一　内閣総理大臣

二　国務大臣

三　人事官及び検査官

四　内閣法制局長官

五　内閣官房副長官

六　（削除）

七　副大臣、政務官、（旧政務次官）

八　内閣総理大臣秘書官（三人以内）及びその他の秘書官（国務大臣又は特別職たる機関の長の各々につき一人）

九　就任について選挙によることを必要とし、あるいは国会の両院又は一院の議決又は同意を必要とする職員

十　宮内庁長官、侍従長、皇太后宮大夫、東宮大夫、式部官長及び侍従次長並びに法

律又は人事院規則で指定する宮内庁のその他の職員。

十一　特命全権大使、特命全権公使、特派大使、政府代表、全権委員、政府代表又は全権委員の代理並びに特派大使、政府代表又は全権委員の顧問及び随員。

十一の二　日本ユネスコ国内委員会の委員

十二　日本学士院会員

十二の二　日本学術会議会員

十三　裁判官及びその他の裁判所職員

十四　国会職員

十五　国会議員の秘書

十六　防衛庁の職員（防衛庁設置法（昭和二十九年法律第百六十四号）第六十一号第一項に規定する審議会委員及び調停職員等で、人事院規則で指定するものを除く）

十七　（削除）

十八　失業対策事業のため公共職業安定所から失業者として紹介を受けて国が雇用した職員及び公共事業のため失業者として国が雇用した職員で、技術者、技能者、監督者及び行政事務を担当する者以外の者。

特別職と一般職の区別は国家公務員法の適用が一般職の職員に限られている点で重要である。（国家公務員法第二条4項）　特別職の職員はその職務の性格上、国家公務員法は適用されない。

国家公務員の任用

国家公務員の任用は、戦前の高等（文官）試験に代わって、大学卒業、または見込者、一定資格者を対象に、次のように試験が行われている。

人事院が行うもの

国家公務員Ⅰ種試験　　行政及び各専門職（警察官は初任・警部補）

法務大臣所轄の司法試験管理委員会が管轄するもの

司法試験　　合格者は司法修習生を経て、判事、検事、弁護士となる。

（受験資格・大学教養科目学習終了者は一次試験免除）

外務省が管轄するもの

外交官試験　　合格者は外務省に採用され、外交官となる。

このほか、短大、高専卒業者らを主対象とした国家公務員Ⅱ種（警察官は初任・巡査部長）、高校卒業者らを主対象とした同Ⅲ種試験（警察官は初任・巡査）が人事院により行われる。

自衛隊の組織と自衛隊員の階級

自衛隊の組織

内閣総理大臣　　防衛庁長官　（助言と命令伝達）陸上幕僚長、海上幕僚長、航空幕僚長

三幕僚会議の議長として統合幕僚会議議長がある。

陸上自衛隊　方面隊　師団　連隊　ほか
海上自衛隊　自衛艦隊、地方隊、教育航空集団、練習艦隊　ほか
航空自衛隊　航空総隊、航空支援集団、航空教育集団、航空開発実験集団　ほか

自衛隊員の階級

陸上　陸将、陸将補、一等陸佐、二等陸佐、三等陸佐、一等陸尉、二等陸尉、三等陸尉、准陸尉、陸曹長、一等陸曹、二等陸曹、三等陸曹、陸士長、一等陸士、二等陸士、三等陸士

海上は海将、海将補、航空は空将、空将補のように前記の陸をそれぞれ海、空に読み替える。

警察の組織と警察官の階級

警察の組織

国家公安委員会　警察庁長官　管区警察局（東北、関東、中部、近畿、中国、四国、九州）、皇宮警察本部

各都道府県　知事　公安委員会　都道府県警察　道府県警察本部（都は警視庁）　警察署

警察官の階級

警視総監（都だけ）、警視監、警視長、警視正（以上を地方警務官と呼び一般職国家公務員）。

警視、警部、警部補、巡査部長、巡査（地方警察職員と呼び任免権は総監、各本部長にある）

巡査部長と巡査の間に巡査長があるが、これは階級というより称号である。

海上保安庁の組織

戦前の日本にはなく、アメリカ合衆国の財務省所管「コースト・ガード」とほぼ等しい組織。昭和23年設置。海上の救難と、密貿易、密入国の予防、捜査、鎮圧を行う。国土交通省所管、海上保安庁長官を長とし全国十一の管区海上保安本部の下に保安部、巡視船、航空機がある。

３、立法府

国会　国権の最高機関であり、国の唯一の立法機関である。（日本国憲法第四一条）

　衆議院

　参議院

　　国立国会図書館

［議員］国会は戦後、貴族院が廃止され、衆議院と参議院となり、衆議院議員、参議院議員が有権者の選挙により選出される。衆議院議員の任期は四年、ただし任期中に解散があればその職を失う。参議院議員は任期六年で、三年ごとに半数ずつ改選され、解散はない。

［有権者］満二十歳以上の日本国民で、性別、門地、所得を問わない。

国会以外に地方自治体にそれぞれ議会がある。都道府県議会、市町村議会と特別区議会（東京二十三区）で、議員は有権者により選出され、任期は四年で、衆議院と同様、解散がある。有権者の資格は国会の場合と同様である。

4、司法府

裁判所　すべて司法権は最高裁判所及び法律の定めるところにより設置する下級裁判所に属する。(日本国憲法第七六条)

最高裁判所

下級裁判所　高等裁判所、地方裁判所、家庭裁判所、簡易裁判所

最高検察庁、高等検察庁、地方検察庁

5、地方自治体

自治体　地方公共団体の組織及び運営に関する事項は、地方自治の本旨に基づいて、法律でこれを定める。(日本国憲法第九二条)

都道府県　　知事

　　　　　　議会

市区町村　　長

　　　　　　議会

地方に広範な自治権を認めたことが、日本国憲法が戦前の大日本帝国憲法と相違する大きな点の一つである。自治体は都道府県と、その基盤である市町村の二段階に分けられるが、市の大規模なものは、政令による指定都市として都道府県並の大きな権限が認められている。

指定都市は戦前の東京、大阪、京都、名古屋、神戸、横浜の六大都市に発端があるが、東京市と東京府が合体して東京都となったので、東京を除いた五大都市のほかに北九州、福岡、札幌、広島、川崎、仙台、千葉、さいたまと十三を数える。要件の一つは人口五十万以上だが、実際には人口百万近くにならないと認められない。指定都市の市長と議員の選挙は、統一地方選挙の場合、都道府県選挙と同時に行われる。東京市という市がなくなった東京の二十三区では、それぞれの区が特別区として市並みの権能を持っている。

地方公務員には国家公務員と同様、特別職と一般職に区別され、特別職の職員には地方公務員法は適用されない。（地方公務員法第三条）

6、公社・公団

戦後、多くの現業官庁が公社ないし公団化された。国鉄、郵政、専売がその最たるもので、国鉄、専売のように公社からさらに分割・民営化されたものもある。民営化は基本的に望ましいものなのであろうか。全国民に良質なサービスを提供するには、政府直営、公社公団化と民営化のいずれが国民の利益に叶うか、ケースバイケースで検討されなければならない。

7、独立行政法人

政府の仕事から実施部門を切り離し独立した法人格とする制度で平成一三年発足。一六年四月から国立大学や国立病院も独立行政法人となった。従来の資金管理や決済は日本銀行が扱ってきたが、法人化後は民間企業と同様に取引金融機関を決め資金管理する必要が生じ、問題も多い。

8、日本銀行

日本の中央銀行である日本銀行は日本銀行法に基づく法人だが、国の紙幣を発行し、通貨および金融の調節を行い、国庫金を扱う極めて重要な国家的な機関である。従って日銀法第三〇条は「役員及び職員は、法令により公務に従事する職員とみなす」としているが、政府からの独立性が常に課題である。

通貨と金融の調節には六人の審議委員と日銀総裁、二人の副総裁を加えた九人からなる日本銀行政策委員会で決定する。

多すぎる組織変更と欠けるサービス機関としての自覚

最近の日本の行政機構は制度変更が多すぎる。省庁の統廃合も真に意義のあることなのか、大蔵省を財務省、金融庁と経済財政担当大臣の職務に分割変更した内容を国民がどれだけ納得したか。現業官庁の公社・公団化、さらなる民営化、また国立大学や国立病院の独立法人化なども経済的な利便性からも疑問がある。

これら現業官庁の法人化は、政府の諸官庁それ自体が国民への行政サービスを提供する機関であるという根幹を忘れているのではないか。全官庁自体が国民へのサービスに徹し、現業意識に目覚れば、最近の愚かな改編の大半は行われなくて済む問題であることを認識すべきである。

付章　日本の栄典制度

勲章の起源と世界の歴史
日本の栄典制度概観
現在の栄典・位階・勲等制度
勲章・栄典のあるべき姿

1. 勲章の起源と世界の歴史

世界における勲章の起源

現在の日本では栄典制度は大幅に廃止され、戦前の制度を引き継いだものとして位階と勲等だけが条件付きで残っている。律令時代に先んじる推古天皇の時、聖徳太子がつくったといわれる冠位十二階が形を整えた栄典制度の始めといえる。それから千四百年、現在に至る日本の栄典・位階と勲章制度の変遷は、時代の変遷の象徴でもある。

ここに日本の位階・勲等（勲章）を始めとする栄典制度の変遷について概観する前に、先ず世界の勲章と栄典の歴史をみてみよう。

古代ペルシャにも勲章に類するものがあり、西暦紀元前後の中国やローマでは既に現在の勲章に等しい勲功を表彰する徽章があった。

中国では軍隊を統率する将軍の武功を表彰する勲章とみるべきものが皇帝から授与され、ローマでも他人の危難を救った者にビルゲル・クローネ、軍人や詩人にローベル・クランツというものが授けられた。ローマのコンスタンチン皇帝（三〇六～三七七）は反逆者を討つ際に太陽の光の上に十字架が出現したのを目撃し、戦いに勝ったあと、キリストの頭文字とコンスタンチン皇帝の肖像をかたどったコンスタンチン勲章を制定した。

これらはいずれも勲章と同趣旨のものであるが、近代の勲章の起源としては、一一世紀、十字軍に加わった騎士団（シュヴァルリー）の標章であるとするのが西欧の定説である。

三種類のシュヴァルリー

以後、西欧では勲位または勲章を指してシュヴァルリーと呼んでいる。シュヴァルリーには、

①シュヴァルリー・レギュリエール　騎士団が発端　騎士団の標章からプロシャ、オーストリアの勲章に
②シュヴァルリー・ソシアル　協会が主体　スエーデンのアマランド勲章など
③シュヴァルリー・オノレール　国家が主体　デンマーク、イギリス、ポルトガル、フランス、ロシア　など

の三種がある。

「シュヴァルリー・レギュリエール」　騎士団の標識から発した勲章

固有の服を着用し武器を取って異教徒と戦い、施療院のために服務するなどを職務とする修道会として組織された騎士の結社がシュヴァルリー（騎士団）である。古くは聖ヨハネ騎士団が一一一三年十字軍結成の初期、パレスチナに創設され、団員は、貧・貞・謙の三つを守り、聖地巡拝者を接待保護する誓いをたて、黒衣をまとい、これに白布で八菱の十字を刺繍して標章とし

て、エルサレムの聖地を防衛してイスラム教徒と戦った。

一一一八年ごろフランス・シャンパーニュの騎士ユーグ・ド・バイヤン、ジョノロワ・ド・サントメールを中心に巡礼者を保護しようと「貧しき騎士たち」（のちのテンプル騎士団）を結成。ドイツの貴族も自国民の聖地巡拝者を救護する病舎を建てチュートン騎士団と称した。

これらの三騎士団は英雄サラディンによって一一八七年、エルサレムが攻略されるといずれも無血のまま退去させられた。聖ヨハネ騎士団はロードス島に移ってロードス騎士団、次にロードス島を失うとマルタ島に移ってマルタ騎士団と呼ばれた。一九世紀になってプロシア、オーストリアなどで騎士団を記念する勲章が国王によって制定されている。

「シュヴァルリー・ソシアル」　協会の与える勲章

騎士団ではなく、一定の目的のために設立された協会が制定した勲章である。

ナポリ国の内紛当時に対立したルイダンジュ党のデヴィドアール勲章と、ジャンヌ党のリヨンヌ勲章などもその例である。

スエーデンのアマランド勲章は一六五三年設立したアマランド勲社の会員に与えるもので、設立者が国王とはいえ、貴族社会に列した会員の名誉を表彰する手段だったから協会の勲章といえる。その百年後の一七五六年に設立されたイノサンス勲社は会員を貴族から豪農や富裕な商人に広げてイノサンス勲章を与えた。

「シュヴァルリー・オノレール」　国王の与える勲章

国の君主が臣下の功績を賞し、外国君主に敬意を表し、外国臣民に友好を表するために設けた勲章であり、これが今日の勲章の本流をなしている。

この勲章はその名称を瑞祥とか故事による場合が多い。デンマークのダネブログ勲章はデンマーク人がロヴォニア人との戦いで霊旗が天から降って勝利に導かれた故事を記念したものであり、オーストリアとイスパニアのトアゾン・ドール（金羊毛）勲章はギリシャのイオルコス王の子ヤゾンが竜の守護する金の羊毛を奪った故事に、ポルトガルのツール・エ・レペー（塔と剣）勲章は国王アルフォンス五世がモロッコと戦った時にキリスト教を信ずる王に勝利がもたらされるとの説に将兵が勇気づけられ勝利した故事による。日本の金鵄勲章も神武天皇東征の時に金の鵄が光り輝いて勝利に導いたという瑞祥に基づくのと同じである。

これに対してイギリスのガーター勲章とバス勲章の名称は、こういった瑞祥ではなく、逸話的な故事による。ガーター勲章はこの中でも古く一三四八年に創設されたものだが、エドワード三世がダンス相手の侯爵夫人が靴下止めを落した時に恥をかかせまいとして拾い上げながら自分の膝にあて「これをあしざまに思う者に恥あれ」といった故事に由来。またバス勲章はヘンリー四世が入浴中、訴訟に来た貴族の未亡人二人のために、「王は快楽のために職務を止めてはいけない」と、浴室から出て二人の訴えを聴いたという故事による。

勲章、表功飾、記章の区別

ふつう勲章という場合、厳密にはオーダーOrderのことであり、このほか、デコレーションDecoration（表功飾）メダルMedal（記章）がある。とくにイギリスでは、この三つの区別がはっきりとしている。

アメリカには厳密な意味での勲章（オーダーOrder）はなく、記章（メダルMedal）に属する武功記章があるだけである。

勲章着用の仕方

勲章は頸飾の形式が最高勲章で、これは日本の大勲位菊花章頸飾も同じである。大綬が一等勲章、無綬が二等勲章、中綬が三等勲章、小綬が四等以下の勲章であるのが世界各国の通例である。また小綬は左胸に着用する。

2、日本の栄典制度概観

律令時代から現代まで

日本は律令時代に先じて、推古天皇一一年（六〇三）に冠位十二階を設けて、天皇制の下での臣下の格付けを行った。ただし当初は中級以下の臣下を対象としていた。やがて大化三年（六四七）に全臣下を対象とした十三階制に改められたが、この最上位は大織冠（たいしょっかん）で、これを受けたのは藤原鎌足だけだった。

天武天皇の時（六八五）、親王四階、諸王八階、諸臣四十八階に改められ、文武天皇の時（七〇一）大宝律令による位記に変えられるまで続いたことは、さきに述べた。

身分位階は国家秩序の形成と人心把握という点から重要視された。

律令時代の身分は、天皇を頂点に、皇親、貴族、（貴・三位以上、通貴・五位以上）、役人（六位～八位、初位）、公民、雑色人に分けられていた。

皇族のうち親王、内親王に一品から四品の品位（ほんい）を与えた。品位には品田《ほんでん》、品封《ほんぷ》（封戸のこと）が付いた。皇族を除いた臣下に与える位階は、正一位から少初位下まで三十階に区分されていた。またこの位階には位田、位封、位禄、季禄、位分などの特権が付与されていた。

さらに功労のあった者に勲一等から勲十二等までの勲位を与えた。

明治八年、明治政府によって勲一等から勲八等までの勲等が新たに規定され、翌九年から今日のような勲章となった。

幕末の勲章　薩摩琉球国勲章と幕府の計画

近代の概念による勲章は、日本では江戸時代までなかった。しかし幕末になると、近代型の勲章が登場してきた。それは朝廷でも幕府でもない、薩摩藩によるものであった。

慶応三年（一八六七）パリで第五回万国博覧会が開かれた時、徳川幕府とは別個のブースを持っていた薩摩藩が「薩摩琉球国勲章」なるものを製作して博覧会開場当日、ナポレオン三世を始めとするフランス政府の要人に贈り、これが好評を博して幕府側をあわてさせた。

この薩摩琉球国勲章は金色の星の中央部に赤い丸に十字の定紋を置き、星の間に薩摩琉球国という藍色の五文字を配し、紫の綬を付け、裏に「贈文官兼武官」と刻まれており、日本最古の勲章といえる。

この薩摩藩の勲章製作に先立つ同年三月、当時パリにいた幕府の駐フランス公使向山隼人正は勲章の必要性を建言をし、その建白書に旭日章の下に昇り竜と降り竜が葵の紋を抱き合っている美しい図案が添えてあった。また当時の陸軍奉行松平縫殿頭は幕府が招いたフランス陸軍士官の着用していた勲章に注目し、調査研究を重ねた上で、勲章の制定を建言していた。

しかし、間もなく幕府は瓦解し、明治政府に勲章制定は委ねられた。

3、戦前の栄典・位階勲等制度

明治維新後から太平洋戦争終結までの日本には位階勲等を含め栄典制度は大別して次の五つがあった。

皇族、王公族以外は臣下とする。皇族、王公族には位階はなく、勲等・功級は受ける。

憲法との関係

栄典の授与は憲法によって天皇の大権事項とされた。

大日本帝国憲法（明治21年2月11日）

第十五條　天皇ハ爵位勲章及其ノ他ノ榮典ヲ授與ス

栄典の種類

栄典のうち世襲的なものは、原則として以下のうちの①②だけである。

①族称　皇族・王公族、華族、士族、平民（明治2年6月17日太政官達で公卿諸侯を廃し華族とする）

朝鮮貴族は華族と同一の禮遇を享けるものと定められている。（明治43年8月23日朝鮮貴族令）

②爵位　華族は　公爵、侯爵、伯爵、子爵、男爵　の五階級に分かれる。（五爵は明治17年7月

7日）

③位階　従一位、正・従二位、正・従三位…正・従八位　（古来から、法制化は明治20年叙位叙例）

④勲等　大勲位、

勲一等〜勲八等　（旭日章・明治9年創設、寶冠章と瑞寶章は明治21年創設）

⑤功級　功一級〜功七級　（金鵄勲章・明治23年創設）

以下にこの五つを詳説する。

族称

皇族・王公族、華族、士族、平民　（明治二年六月一七日太政官達で公卿諸侯を廃し華族とする）

朝鮮貴族　華族と同一の禮遇を享けるものと定められている。（明治四三年八月二三日朝鮮貴族令）

爵位　（華族　と朝鮮貴族）

華族は　公爵、侯爵、伯爵、子爵、男爵の五階級に分かれ、世襲である。華族の称は明治二年六月一七日、太政官達をもって公卿、諸侯を廃止し、これを華族と代えたことに始まり、五爵は明治一七年七月七日の華族授爵の詔に由来する。その後、明治四〇年、皇室令第二号によって華族令が公布され、翌四三年一部が改正され、太平洋戦争後に廃止されるまで継続した。
　各爵別の家の数は昭和一二年一二月末日の現在数による。（氏名は初代）
公爵　　一九家　＝ほかに返上一家（松方家）
五摂家　　近衛、鷹司、九条、二条、一条
五摂家以外の公卿　三条、岩倉、西園寺、徳大寺
徳川将軍家　将軍家、慶喜家、水戸徳川家
大名　島津二家、毛利
新華族　（長州）伊藤博文、山県有朋、桂太郎、（薩摩）、大山巌、
侯爵　　四二家
旧皇族　粟田、音羽、久邇、華頂、小松、筑波、山階
公卿　大炊御門、菊亭、花山院、久我、嵯峨、四条、醍醐、中御門、中山、広幡
御三家　尾張徳川、紀伊徳川
大名　三十万石以上　と、＊維新に功労のあった者
　加賀・前田、＊宇和島・伊達、福岡・黒田、熊本・細川、
　佐賀・鍋島、＊土佐・山内、福井・松平、
　広島・浅野、鳥取・池田、岡山・池田、
　三十万石以下　徳島・蜂須賀、秋田・佐竹、琉球・尚

新華族　政治家＝（長州）大久保利通、木戸孝允、井上馨、（佐賀）大隈重信、
　　　　陸軍　＝（薩摩）西郷隆盛の子孫、野津道貫、
　　　　海軍　＝（薩摩）西郷従道、東郷平八郎、
　　　　文官　＝（土佐）佐々木高行
　　　　外交官＝（日向）小村寿太郎

伯爵　一〇九家
旧皇族　上野、鹿島、東伏見、伏見、葛城、宇治
公卿　飛鳥井、油小路、正親町、姉小路、勧修寺、烏丸、甘露寺、澤、三条西、清水谷、清閑寺、園、中院、庭田、東久世、日野、広橋、葉室、橋本、坊城、万里小路、壬生、室町、柳原、山科、冷泉
大名　十万石以上
　仙台・伊達（六二万石を明治政府により二八万石に減じられる。）
　彦根・井伊、米沢・上杉、盛岡・南部、津・藤堂、徳川二家、
　前橋松平、松江・松平、高松・松平、久留米・有馬、姫路・酒井、出羽・酒井、小浜・酒井、松山・久松、大和・柳沢、小倉・小笠原、柳川・立花、中津・奥平、弘前・津軽、福山・阿部、佐倉・堀田、大垣・戸田、松代・真田、新発田・溝口、富山・前田、

十万石以下の特例
岡・中川、佐土原・島津、津和野・亀井、信濃竜岡・大給、
平戸・松浦、肥前大村・大村、対馬・宗

新華族　政治家＝（薩摩）黒田清隆、吉井友実、伊知地正治、
（長州）山田顕義、伊東巳代治、林友幸
（土佐）後藤象二郎、土方久元＝返上＝、田中光顕
（佐賀）大木喬任、副島種臣、
（江戸）勝安芳、（伊達）後藤新平
陸軍　＝（長州）寺内正毅、児玉源太郎、乃木希典＝絶家＝、長谷川好道、
佐久間左馬太
（薩摩）黒木為楨、（小倉）奥保鞏、
海軍　＝（薩摩）樺山資紀、伊東祐亨、山本権兵衛、
文官　＝（熊本）清浦奎吾、内田康哉、（薩摩）牧野伸顕、（水戸）香川敬三、
（福岡）金子堅太郎、（徳島）芳川顕正、
（佐賀）佐野常民、（信濃）渡辺千秋　ほか
外交官＝（紀伊）陸奥宗光、（薩摩）寺島宗則、（津軽）珍田捨巳、（佐倉）林董
宗教　＝大谷家・二家

子爵　　　　　　三七六家
　公卿
　大名（十万石未満、一万石以上）
　新華族
　　政治家　高橋是清　ほか
　　軍人　　斉藤　実　ほか
　　官吏
男爵　　　　　　四〇八家
　大名の一部
　御三家の家老で城主であった者（紀州の安藤、水野、水戸の中山）
　新華族
　　軍人
　　官吏
　　学者
　　富豪　　三井、岩崎、住友、安田、鴻池　ほか
朝鮮貴族
　朝鮮貴族の制度は明治四三年八月二九日皇室令第一四号によって定められた朝鮮貴族令によ

る。授爵は専ら勅旨に出て、李王の現在の血族にして皇族の礼遇を受けない者、および門地または功労ある朝鮮人に対してなされ、爵は華族令と同じく、公、侯、伯、子、男の五等とし、華族令による有爵者と同一の礼遇を受けるものとされている。しかし、現実には公爵を授けられた者はなく、貴族院の議員としての資格もなかった。

	大正13年末	昭和18年8月末	同年の当主
公爵	—	—	
侯爵	七	七	李徳鎔、李海昌、李海昇、尹毅燮《きしょう》、李達鎔、朴賛汎、李丙吉
伯爵	三	三	高重徳、宋鐘憲、李永柱
子爵	一八	一七	
男爵	三三	三二	
計	六一	五九	

位階

古来からある。近代の法制化は明治二〇年の叙位叙例に始まる。

正一位は生存者には与えられない。従一位から正二位、従二位以下、三位から八位まで各正・

従がある。次に大正一三年末と、昭和一二年末の人員を挙げてみる。

	大正13年末	（うち婦人）	（うち朝鮮人）	昭和12年末
従一位	二	（一）	（—）	—
正二位	二八	（一）	（—）	二八
従二位	八九	（一）	（—）	七六
正三位	二二二	（一）	（二）	四九二
従三位	四三七	（四）	（六）	八八〇
正四位	一〇六九	（九）	（一二）	二〇三二
従四位	一八八四	（三）	（二七）	五一二七
正五位	四五七四	（一二）	（四四）	一〇一〇五
従五位	六四五三	（一八）	（五八）	一三七五四
正六位	七九〇三	（三四）	（一一三）	一六七四〇
従六位	一〇〇〇六	（一四）	（九一）	二一一九二
正七位	二三〇四一	（七七）	（一四八）	四〇四九〇
従七位	三二五二〇	（一二六）	（三九八）	七一五七七
正八位	四一三七一	（八〇）	（二二五）	九七六八八

従八位	一九六五	（　二）	（　一）	一〇七七
計	一三一六〇四	（三八二）	（一一二五）	二八一二五七

勲等（勲章）

大宝元年（七〇一）に施行された勲位は平安時代に消滅したが、明治政府は国家に功績のある者を褒賞する制度として、明治八年（一八七五）勲等賞牌の制度を太政官布告第五四号をもって定めた。これは功績に応じて勲等を勲一等から八等に分かち、それに相当する賞牌を佩用させるものであったが、翌九年十一月、賞牌を勲章と改め、勲一等旭日大綬章以下を授与することとした。次いで十年十二月、さらに上位の大勲位菊花大綬章、のちに大勲位菊花章頸飾が設けられ、ここに十階級の勲等が定められた。

この勲等は主として武官の武勲に対して与えられ、文官との不均衡を生じた。そこで政府は賞勲局を中心に文官の叙勲規定も考案し、明治一六年一月四日に叙勲条例を制定した。これによって文武官とも勅任官は勲三等、奏任官は勲六等、判任官以下は勲八等を初授とした。

その後、各省などの官制の制定、整備に伴い、明治二一年九月三日、叙勲条例を廃止し、文武官叙勲内則に代え、さらに二五年二月にはその一部を改正して、官職についていない民間人でも、学術、教育、社会事業、救災などに功績を挙げた者に勲等を授与することとした。

高級帯勲者

（昭和十七年九月十日現在）

大勲位菊花章頸飾

載仁親王
博恭王
守正王

大勲位菊花大綬章

雍仁親王
宣仁親王
崇仁親王
恒憲王
朝融王
鳩彦王
稔彦王
恒徳王
春仁王
李王垠
李鍵公
李　堈

功一級

載仁親王
博恭王
鳩彦王
稔彦王
大井　成元
及川古志郎
岡村　寧次
杉山　元
寺内　壽一
西尾　壽造
長谷川　清
畑　俊六
本庄　繁
松井　石根
米内　光政

勲一等旭日桐花大綬章

武彦王
邦壽王
家彦王
孚彦王
盛厚王
李鍝公
粟田　彰常
一木喜徳郎
宇垣　一成
大島　健一
岡田　啓介
音羽　正彦
華頂　博信
葛城　茂麿
清浦　奎吾
倉富勇三郎
小松　輝久
幣原喜重郎
鈴木貫太郎
財部　彪
筑波　藤麿
奈良　武次
東伏見邦英
菱刈　隆
平沼騏一郎
伏見　博英
牧野　伸顕
水野錬太郎
南　次郎
山階　芳麿
山本　達雄
若槻禮次郎

勲一等寶冠章

雍仁親王妃　勢津子
宣仁親王妃　喜久子
崇仁親王妃　百合子
載仁親王妃　智惠子
故依仁親王妃　周子
故　博義王妃　朝子
恒憲王妃　敏子
故　邦彦王妃　俔子
朝融王妃　知子女王
守正王妃　伊都子
故多嘉王妃　靜子
稔彦王妃　聰子内親王
故成久王妃房子内親王
春仁王妃　直子
李王垠妃　方子女王
李鍵公妃　誠子
故　李王妃　尹氏
李堈妃　金氏
故　李憙公妃　李氏
故　李埈公妃　金氏
柳原　愛子

勲一等旭日大綬章

阿南　惟幾
阿部　信行
安藤紀三郎
安藤　三郎
安藤　利吉
安達　謙藏
安保　清種
秋山　義兊
甘粕重太郎
天谷直次郎
荒木　貞夫
荒木　彦弼
有田　八郎
有地十五郎
有馬　良橘
井關　隆昌
井出　謙治
井上幾太郎
井上　忠也
伊澤多喜男
伊藤　賢三
伊東　政喜
飯田　貞固
飯沼　守
飯村　穰
石井菊次郎
石川半三郎
磯谷　廉介
板垣征四郎
稲垣　三郎
稲葉　四郎
今村　均
岩越　恒一
岩松　義雄
岩村　清一
宇佐美興屋
宇佐美勝夫
植田　謙吉
牛島　貞雄
牛島　實常
氏家　長明
後宮　淳
内田　重成
内山小二郎
梅津美治郎
江橋英次郎
小栗孝三郎
小幡　酉吉
尾崎　行雄
緒方　勝一
及川古志郎
大井　成元
大内球三郎
大村　卓一

大山　文雄　岡部直三郎
岡村　寧次　荻洲　立兵
加藤　隆義　加藤　亮一
香椎　浩平　香月　清司
笠井平十郎　笠原　幸雄
片桐　英吉　蒲　　　穆
上村清太郎　川岸文三郎
川島　義之　川島令次郎
川村　竹治　河邊　正三
河村　恭輔　河村　　董
木下　　敏　木村兵太郎
木本　益雄　喜多　誠一
儀峨　徹二　北野　憲造
岸本　綾夫　久納　誠一
草場　辰巳　國崎　　登
窪田靜太郎　黒田　重徳
黒田　琢磨　黒田　英雄
桑木　崇明　桑原　重治
小泉　親彦　小磯　國昭
小島　吉藏　小須田勝造
小林　躋造　小山　松吉
古賀　峯一　兒玉　友雄
兒玉　秀雄　厚東爲太郎
近衛　文麿　近藤　信竹
左近司政三　佐々木到一

佐藤　市郎　佐藤　三郎
佐藤　尚武　佐野　曾輔
齋藤彌平太　坂本　　一
酒井　鎬次　酒井　　隆
澤田　　茂　志岐　守治
清水　　澄　清水　喜重
塩澤　幸一　七田　一郎
篠塚　義男　篠原誠一郎
嶋田繁太郎　下條　康磨
下元　熊彌　勝田　主計
末次　信正　尾高　龜藏
菅野　尚一　杉　　政人
杉原美代太郎　杉山　　元
鈴木　重康　鈴木　孝雄
鈴木　美通　住山徳太郎
關　　龜治　關屋貞三郎
園部和一郎　田崎武八郎
田尻　昌次　田中　靜壹
田中　　稔　田邊　盛武
多田　　駿　多田　禮吉
高島　友武　高須　四郎
高杉新一郎　高木　義人
高橋　三吉　高山　公通
竹下　　勇　武井　大助
建川　美次　谷　　壽夫

谷口元治郎　谷村豊太郎
谷本馬太郎　津田　靜枝
塚田　　攻　塚本　清治
筑紫　熊七　土橋　一次
常岡　寛治　鶴田禎次郎
出淵　勝次　寺内　壽一
寺師　義信　東條　英機
徳川　好敏　豊田　副武
豊田貞次郎　中井良太郎
中岡　彌高　中島今朝吾
中島　鐵藏　中野　直枝
中村孝太郎　中村　明人
中村龜三郎　中村　良三
中山　　蕃　永井　松三
永野　修身　永持　源次
長岡　春一　長瀬　武平
二宮　治重　西尾　壽造
西川虎次郎　野間口兼雄
野村吉三郎　波田　重一
橋本　　群　橋本虎之助
蓮沼　　蕃　長谷川　清
畑　　俊六　秦　　眞次
秦　　雅尚　鳩山　一郎
濱本喜三郎　林　　　桂
林　銑十郎　林　　仙之

原　　嘉造　原田　熊吉
日高　鑛一　日比野正治
久村　種樹　百武　源吾
百武　晴吉　平田　健吉
平田　　昇　廣瀬　壽助
廣田　弘毅　廣野　太吉
深澤　友彦　福田　彦助
福間　忠戩　藤井　洋治
藤江　惠輔　藤田　　進
藤田　尚徳　二上　兵治
星埜　守一　堀　　丈夫
本庄　　繁　本間　雅晴
眞崎甚三郎　眞野　文二
舞　　傳男　前田　政一
牧野　正廸　町田　忠治
松井　石根　松井慶四郎
松井　　命　松浦淳六郎
松浦　松見　松浦鎭次郎
松田　巻平　松田　道一
松平　恒雄　町尻　量基
三木善太郎　三木　良英
三毛　一夫　三土　忠造
三宅　光治　三宅　俊雄
南　　　弘　宮田　太郎
武者小路公共　武藤　一彦

村上 啓作　村上 春一
室 兼次　森 壽
森田 宣　森山慶三郎
安井 藤治　安岡 正臣
安田 郷輔　安田 武雄
安廣伴一郎　柳川 平助
柳下 重治　山岡 重厚
山川 端夫　山口 正熈
山下 奉文　山路 一善
山田 乙三　山梨勝之進
山梨 半造　山室 宗武
山本五十六　山本 英輔
山本 鶴一　山本 昇
山脇 正隆　吉住 良輔
吉田 善吾　吉田 豊彦
吉成 宗雄　吉本 貞一
芳澤 謙吉　米內 光政
李 恒九　李 載崐
若山善太郎　鷲津 鉛平
渡邊 右文　渡邊 中
渡邊 正夫　渡邊滿太郎

勲一等瑞寶章

安達二十三　安藤廣太郎
青柳 榮司　赤井 春海
秋田 清　秋月左都夫

淺川 一衛　荒川 文六
荒城 二郎　荒蒔 義勝
井出 宣時　井上 一次
井上 貞衛　井上哲次郎
伊藤 述史　伊藤 知剛
飯田祥二郎　石黑 貞藏
石田 保秀　石原 莞爾
磯村 年　板倉松太郎
市來 乙彦　出光萬兵衛
犬塚勝太郎　今村信次郎
岩崎 久彌　岩下新太郎
岩村 俊武　岩村 清一
上野勘一郎　牛島 滿
牛塚虎太郎　牛丸 福作
潮 惠之輔　內田 莊一
梅崎延太郎　枝原百合一
遠藤 源六　小笠原長生
小野 鑑正　小野塚喜平次
小畑敏四郎　小原 直
尾頭加勢士　尾野 實信
織田 萬　大井 清一
大賀 茂　大串 敬吉
大田 爲吉　大谷 一男
大塚 要　大湊直太郎
太田 政弘　岡 喜七郎

岡田 武松　香積 見弼
片村 四八　片山 正夫
鎌田 彌彥　上村清太郎
烏谷 章　川口 虎雄
河井 彌八　河瀬 四郎
河田 烈　木佐木幸輔
木戸 幸一　木村 民藏
木村 弘人　熊谷 敬一
黑岩 義勝　桑木 嚴翼
桑木 彧雄　桑原 四郎
小泉 六一　小金井良精
小寺房治郎　小林 仁
小山 松壽　木場 貞長
伍堂 卓雄　後藤 英次
後藤 文夫　國府 田中
佐伯 清一　佐藤 三吉
佐藤 恒丸　佐藤子之助
西園寺八郎　齋藤 干城
齋藤 半六　櫻井 幸一
櫻內 幸雄　澤田 節藏
澤本 頼雄　三條西實義
鹿野 澄　重光 葵
幣原 坦　篠田 治策
篠原 次郎　柴 五郎
柴山 重一　莊司市太郎

周山 滿藏　新村 出
末松 茂治　菅原 通敬
菅原 道大　杉 榮三郎
鈴木熊太郎　鈴木直太郎
鈴木 率道　鈴村 吉一
瀬谷 啓　關 原六
關口健一郎　田崎 愼治
田尻 常雄　田所 美治
田中 都吉　田中 朝三
田中 盛秀　田中館愛橘
田邊 朔郎　高岡 熊雄
高木 貞治　高須 四郎
高橋 伊望　武田 盛治
立 作太郎　谷本馬太郎
俵 孫一　千葉 郁治
値賀 忠治　堤 正義
寺倉 正三　寺島 健
寺本 熊市　東郷吉太郎
東郷 茂德　遠山 登
中川 泰輔　中澤 岩太
中澤 良夫　中野 太郎
中村幸之助　中野 英光
中山 德治　永井柳太郎
永津佐比重　永見 俊德
長岡半太郎　長屋 順耳

南雲　忠一　南部麒次郎
西野　元　根本　博
野中　季雄　野村　直邦
馬場　保雄　長谷川直敏
芳賀權四郎　八田　嘉明
花島　孝一　濱田吉治郎
林　博太郎　林　春雄
林　彌三吉　林　頼三郎
原　敬太郎　原田　敬一
針塚長太郎　樋口季一郎
引田　乾作　平賀　讓
平林　盛人　平山　信
百武　三郎　福原　佳哉
藤井　茂太　藤原松三郎
舟越楫四郎　古市　龍雄
古川　三郎　古川鈊三郎
古野　好武　細萱戊子郎
堀内　次雄　堀切善次郎
堀切善兵衞　堀田　正昭
本多熊太郎　本多光太郎
本多　政材　馬淵鋭太郎
前田　利爲　前田　米藏
增野　周滿　松井　茂
松井太久郎　松浦　善助
松浦　公清　松岡　洋右
松平　頼壽　松村　鶴蔵
松本　重威　松本　烝治
三浦謹之助　三木　良英
三井清一郎　三井　高棟
三矢　宮松　三宅　德業
美濃部達吉　御宿　好
水戸　春造　宮田　光雄
宮地久壽馬　村上　恭一
村上直次郎　本野　亨
泉二　新熊　森岡　守成
矢部　潤二　安滿　欽一
山岡萬之助　山口鋭之助
山崎達之輔　山田　三郎
山田　三良　山田　梅二
山本幹之助　横山　勇
横山　靜雄　横山又次郎
吉岡　豊輔　吉澤　忠男
吉田　茂　吉町太郎一
和田　龜治　渡邊　俊雄
渡邊　壽　渡邊滿太郎
渡邊　龍聖

文化勲章

長岡半太郎　本多光太郎
木村　榮　佐佐木信綱
幸田　成行　岡田三郎助
藤島　武二　横山　秀麿
高木　貞治　西田幾多郎
川合芳三郎　佐々木隆興

高級有位者

（昭和十七年九月十日現在）

正二位

池田　仲博　石井菊次郎
一木喜德郎　宇垣　一成
内山小二郎　大久保利和
清浦　奎吾　久世　通章
窪田靜太郎　倉富勇三郎
西郷　從德　三條西實義
島津　忠重　鈴木貫太郎
清閑寺經房　高倉　永則
樋口　誠康　久松　定謨
平沼騏一郎　牧野　伸顕
松木　宗隆　松平　恒雄
陸奥　廣吉　柳原　愛子
山内　豊景

從二位

阿部　信行　安保　清種
青木　信光　姉小路公政
荒木　貞夫　荒木寅三郎
有馬　良橘　井伊　直忠
井上匡四郎　伊集院兼知
池尻　基房　池田　政保
一條　實孝　稲葉　順通
岩崎　久彌　小笠原長生
大井　成元　大給　左
大久保利武　大山　柏
岡田　啓介　奥田　直紹
奥田　直恭　奥平　昌恭
樺山　愛輔　川村鐵太郎
木戸　幸一　清岡　龍
九鬼　隆輝　櫛笥　隆督
小松　輝久　兒玉　秀雄
佐野　常羽　三條　公輝
篠田　治策　清水　澄
幣原喜重郎　柴　五郎
關屋貞三郎　副島　道正
高千穂宣麿　鷹司　信輔
田村　丕顕　高島　友武
財部　彪　伊達　宗定
寺内　壽一　德川　圀順
德川　達道　德川　義親
名和又八郎　奈良　武次
中御門經恭　鍋島　直映
成瀬　正雄　南部　利克

西大路吉光　野津鎭之助
野間口兼雄　野村吉三郎
長谷川猪三郎林　銑十郎
林　博太郎　原　嘉道
東久世通敏　百武　三郎
廣田　弘毅　廣幡　忠隆
二上　兵治　細川　立興
細川　利文　眞鍋　十藏
眞野　文二　前田　利定
前田　利爲　町尻　量弘
松井慶四郎　松浦鎭次郎
松浦　靖　松川　敏胤
松平　賴壽　南　次郎
南　弘　南岩倉具威
溝口　直亮武者小路公共
毛利　高範　森川　恒
柳原　義光　山内　豊政
山崎　治敏　山本　達雄
米内　光政　李　海　昌
冷泉　爲勇　冷泉　爲系
若槻禮次郎

國葬

（太平洋戦争終結以前）

岩倉　具視
（明治一六・七・二五）
島津　久光
（〃二〇・一二・一八）
三條　實美
（〃二四・二・二五）
毛利　元德
（〃二九・一二・三〇）
島津　忠義
（〃三一・一・九）
伊藤　博文
（〃四二・一一・四）
大山　巖
（大正五・一二・一七）
山縣　有朋
（〃一一・二・九）
松方　正義
（〃一三・七・一二）
東郷平八郎
（昭和九・六・五）
西園寺公望
（〃一五・一二・五）
山本五十六
（〃一八・六・五）
閑院宮載仁親王
（〃二〇・六・一五）

戦前の勲等は次の通り。

大勲位、勲一等～勲八等（旭日章は明治九年創設、寶冠章と瑞寶章は明治二一年創設）

同じ勲等では、旭日章、寶冠章、瑞寶章の順となる。

男性には旭日章、瑞寶章が、女性には寶冠章、瑞寶章が授与される。

昭和一三年八月末の叙勲者数（勲二等以下は一二年末）

大勲位	
菊花章頸飾	二人
菊花大綬章	一一人
勲一等	
旭日桐花大綬章	四〇人
旭日大綬章	一五三人
寶冠章	二一人
瑞寶章	一九五人
勲二等	
旭日重光章	四〇九人
寶冠章	一九人
瑞寶章	一〇九二人

勲三等

旭日中綬章　一八五九人

寶冠章　三人

瑞寶章　六三六二人

勲四等

旭日小綬章　四一四五人

寶冠章　六人

瑞寶章　一〇一六八人

勲五等

雙光旭日章　五八一六人

寶冠章　二一人

瑞寶章　一五五一〇人

勲六等

単光旭日章　一三八〇九人

寶冠章　五七人

瑞寶章　四〇二五五人

勲七等

青色桐葉章	一二二八九二人
寶冠章	二三〇人
瑞寶章	八四五八五人

勲八等

白色桐葉章	六五九九〇三人
寶冠章	一六六〇人
瑞寶章	五〇二七五八人

功級（金鵄勲章）

抜群の武功を挙げた軍人に授与するものとして日本紀元二五五〇年に当たる明治二三年（一八九〇）金鵄勲章が創設された。

功一級から功七級までの級があり、これを功級という。

金鵄勲章受章者には終身年金が支給されたが、第二次大戦直前に廃止された。

昭和一三年八月末（功二級以下は一二年末）		終身年金額
功一級	二人	一五〇〇円

功二級	一三人	一〇〇〇円
功三級	一七四人	七〇〇円
功四級	二一五二人	五〇〇円
功五級	四五五〇人	三五〇円
功六級	二五九三人	二五〇円
功七級	四九七〇九人	一五〇円

宮中席次

これらを総合した順位を定めたものに宮中席次がある。

高等官、有勲者、有爵者、有位者及び優遇者が宮中において与えられる席次を示したもので、明治一七年（一八八四）一二月に文武奏任官以上の宮中儀式上の席次を定めたのが最初で、数次の改正を経て大正四年（一九一五）宮中席次令を公布、同九年若干の改正を経て、大正一五年皇室令第七号皇室儀制令で確定された。

宮中席次は別表の通りだが、二、三の注意を記すと、次のようになる。

妻の席次は夫に次ぐ。

複数の席次を持つ者はそのうちの上位の席次とする。

東郷平八郎の場合　元帥・海軍大将・従一位・大勲位菊花章頸飾・功一級・侯爵の六つ

宮中席次表（明治17年〜昭和20年）

第一階　第一　大勲位　一　菊花章頸飾　二　菊花大綬章

第二　内閣総理大臣

第三　枢密院議長

第四　元勲優遇の為大臣の禮遇を賜はりたる者

第五　元帥、国務大臣、宮内大臣、内大臣

第六　朝鮮総督

第七　内閣総理大臣又は枢密院議長たる前官の禮遇を賜はりたる者

第八　国務大臣、宮内大臣、又は内大臣たる前官の禮遇を賜はりたる者

第九　枢密院副議長

第十　陸軍大将、海軍大将、枢密顧問官

第十一　親任官

第十二　貴族院議長、衆議院議長
第十三　勲一等旭日桐花大綬章
第十四　功一級
第十五　親任官の待遇を賜はりたる者
第十六　公爵
第十七　従一位
第十八　勲一等　一　旭日大綬章、二　寶冠章、三　瑞寶章
第二階
第十九　高等官一等
第二十　貴族院副議長、衆議院副議長
第二十一　麝香間祗候
第二十二　侯爵
第二十三　正二位
第三階
第二十四　高等官二等
第二十五　功二級
第二十六　錦鶏間祗候
第二十七　勅任待遇
第二十八　伯爵

第二十九　従二位
第三十　勲二等　一　旭日重光章、二　寶冠章、三　瑞寶章
第三十一　子爵
第三十二　正三位
第三十三　従三位
第三十四　功三級
第三十五　勲三等　一　旭日中綬章、二　寶冠章、三　瑞寶章
第三十六　男爵
第三十七　正四位
第三十八　従四位
第三十九　貴族院議員、衆議院議員

第四階

第四十　高等官三等
第四十一　高等官三等の待遇を享くる者
第四十二　功四級
第四十三　勲四等　旭日小綬章、二　寶冠章、三　瑞寶章
第四十四　正五位
第四十五　従五位

第五階　第四十六　高等官四等
第四十七　高等官四等の待遇を享くる者
第四十八　功五級
第四十九　勲五等　一　雙光旭日章、二　寶冠章、三　瑞寶章
第五十　正六位
第六階　第五十一　高等官五等
第五十二　高等官五等の待遇を享くる者
第五十三　従六位
第五十四　勲六等　一　單光旭日章、二　寶冠章、三　瑞寶章
第七階　第五十五　高等官六等
第五十六　高等官六等の待遇を享くる者
第五十七　正七位
第八階　第五十八　高等官七等
第五十九　高等官七等の待遇を享くる者
第六十　従七位
第六十一　功六級
第九階　第六十二　高等官八等

第十階
第六十三　高等官八等の待遇を享くる者
第六十四　高等官九等
第六十五　奏任待遇
第六十六　正八位
第六十七　功七級
第六十八　勲七等　一　青色桐葉章、二　寶冠章、三　瑞寶章
第六十九　従八位
第七十　勲八等　一　白色桐葉章、二　寶冠章、三　瑞寶章

麝香間祗候《じゃこうのましこう》と錦鶏間祗候《きんけいのましこう》

宮中席次のうち「第二十一の麝香間祗候」と「第二十六の錦鶏間祗候」は聞きなれないが、いずれも名誉職である。とくに「麝香間祗候」は、京都御所の表御殿にあった詰所の麝香間に由来し、もともと摂家、宮方、大臣、大臣、当今《とうぎん》の養子、宮門跡、摂家門跡などの祗候所であり、また小御所にあった同名の部屋は、徳川将軍入朝の際の候所であった。王政復古の際は総裁・議定の詰所、明治元年に無職の親王、大臣の詰所となり、明治2年5月、前議定の蜂須賀茂韶らを国事諮問のため隔日に出仕させ麝香間祗候と呼び、これが一種の名誉の称号となった。

昭和12年の名簿では、麝香問祇候は公爵徳川家達、公爵毛利元昭、侯爵山内豊景、伯爵柳原義

光、伯爵徳川達孝の五人でいずれも旧将軍と大大名の子孫と大正天皇の生母の家の当主（柳原）というういわゆる名門だけである。

これに対して錦鶏間は京都御所御学問所の西の居間で、襖に錦鶏（アカキジ）が描かれていた。勅任官五年以上または勲三等以上で功労のあった官吏などを優遇する意味で、錦鶏間祗候が設けられた。勅任待遇で無給である。昭和一二年七月の名簿では古川阪次郎ら三十五人もおり、赤痢菌発見の医学者志賀潔がいるのが目立つが、華族は新華族の侯爵大久保利武以外にいない。

戦後皇室令が廃止されてからの宮中席次については、「従来の例に拠り難い場合は案を立て承認を得た上で行う」こととしている。

事実は薩摩・長州藩閥の独占

元老　（元勲優遇の為、大臣の礼遇を賜りたる者）

元老、正確には「元勲優遇の為大臣の礼遇を賜りたる者」のことで、宮中席次では第一階の第四に当たり、現職の内閣総理大臣、枢密院議長に次ぐ。

全員で九人であり、西園寺公望が最後の元老であった。

伊藤　博文　第一、五、七、十代首相、（長州）

黒田　清隆　第二代首相（薩摩）

山縣　有朋　第三、九代首相、初代内務大臣、元帥・陸軍大将（長州）

松方　正義　第四、六代首相、初代大蔵大臣（薩摩）

西郷　従道　初代海軍大臣、元帥・海軍大将　（薩摩）
井上　馨　初代外務大臣　（長州）
大山　巌　初代陸軍大臣、元帥・陸軍大将　（薩摩）
桂　太郎　第十一、十三、十五代首相、陸軍大将　（長州）
西園寺公望　第十二、十四代首相　（公卿）

九人のうち公卿の西園寺公望を除いた八人は長州四人、薩摩四人と薩長出身者が占め、第八、十六代首相を勤めた肥前（佐賀）の大隈重信は入っていない。明治の藩閥を薩・長・土・肥というが、事実は薩長の独占だったことを示している。

前官礼遇

前官礼遇者には内閣総理大臣、枢密院議長、国務大臣、宮内大臣、内大臣の五種類の前官礼遇がある。長年の功績に報いるもので、この職を経験したからといって、必ずしも前官礼遇が受けられるものではない。宮中席次では第一階の第七と第八に当たり、第五の元帥、国務大臣、宮内大臣、内大臣、第六の朝鮮総督に次ぎ、第九の陸軍大将、海軍大将、枢密顧問官の上位になる。

昭和一三年八月末の前官礼遇者は次の通り。　（宮内大臣の前官礼遇者はいない）

［内閣総理大臣］　公爵　西園寺公望、伯爵　清浦　奎吾、男爵　若槻禮次郎、岡田　啓介
［枢密院議長］　倉富勇三郎、男爵　一木喜徳郎
［国務大臣］　男爵　山本　達雄、水野錬太郎、財部　彪、男爵　幣原喜重郎、鈴木喜三

郎、男爵　大角　岑生、町田　忠治、廣田　弘毅、林　銑十郎、三土　忠造

［内大臣］　伯爵　牧野　伸顕

国務大臣の前官礼遇者のうち、廣田弘毅と林銑十郎はともに総理大臣経験者だが、総理の在職期間が短く、そのため国務大臣前官礼遇としたのであろう。

宮中席次と関係のない栄典

文化勲章

昭和一二年（一九三七）二月一一日制定。科学、芸術等　文化の発達に偉大な貢献をなした者に賜るもので、従来の勲章と異なり、勲等、功級などの階級のない単一の名誉勲章である。

第一回の昭和一二年の受章者は次の九人であった。

長岡半太郎（物理学）、本多光太郎（物理学）、木村　栄（天文学）、

佐々木信綱（国文学）、幸田　露伴（文　学）、

岡田三郎助（洋　画）、竹内　栖鳳（日本画）、横山大観（日本画）、藤島武二（洋　画）

以後、昭和二〇年を除いて毎年二～八人、平均四、五人が受章している。

褒章

紅綬（人命救助）

緑綬（孝子、節婦、義僕）
藍綬（学術、技芸、殖産、公同の事務）
＝以上明治一四年制定
紫綬
紺綬（公益のための寄付）　＝大正七年制定
黄綬（私財を献じ防海の事業に賛成した者）　＝明治二〇年臨時制定

勲章とともに佩用が認められるものに、褒章のほか、従軍記章、記念章、赤十字社員章がある。

従軍記章

戦争・事変に従軍した将兵にもれなく授与する記章。次の九種がある。

明治七年従軍記章　明治　八年　台湾出兵
　当初、従軍牌と呼ばれ、明治九年に従軍記章と改称。
明治二十七、八年従軍記章　明治二八年
明治三十三年従軍記章　明治三五年
明治三十七、八年従軍記章　明治三八年
大正三、四年戦役従軍記章　大正　九年　青島攻略
大正三年乃至九年戦役従軍記章　大正　九年　シベリア出兵
昭和六年乃至九年事変従軍記章　昭和　九年　満洲事変、支那事変

支那事変従軍記念章　昭和一四年　（昭和二一年廃止）
大東亜戦争従軍記章　昭和一九年　（受章者発令のないまま昭和二一年廃止）

記念章

国家的規模の慶典や大事業を記念し、受章者本人に終身着用を許し、子孫に永久に伝え保存せしむることを目的とし、明治二二年の大日本帝国憲法発布記念章から制定された。

帝国憲法発布記念章　明治二二年
大婚二十五年祝典之章　明治二七年
皇太子渡韓記念章　明治四二年
韓国併合記念章　明治四五年
大礼記念章　大正　四年
戦捷記念章　大正　九年
第一回国勢調査記念章　大正一〇年
大礼記念章　昭和　三年
帝都復興記念章　昭和　五年
朝鮮昭和五年国勢調査記念章　昭和　七年
紀元二千六百年記念章　昭和一五年
支那事変記念章　昭和一七年　（昭和二一年廃止）

赤十字社員章

日本赤十字社の社員（寄付など功績のあった者）は日本赤十字社社員章もしくは同有功章を授与され、これを勲章、褒章、従軍記章、記念章とともに左胸につけることができる。

宮中杖

宮中杖。俗に鳩杖と呼ばれ、高齢の功臣に、宮中で杖をつくことを許すもの。最高の栄誉の一種である。皇族を除く昭和一二年七月末の対象者次の通り。

田中　光顕、子爵　石黒　忠悳、公爵　西園寺公望、伯爵　清浦　奎吾、倉富勇三郎、伯爵　金子堅太郎、男爵　山本　達雄、桜井　錠二、元田　肇、男爵　内山小二郎、藤澤幾之輔

3、現在の栄典・位階・勲等制度

栄典制度は、戦前の制度を引き継いだものとして位階と勲等だけが条件付きで残っている。

位階　現在、死没者だけに贈られている。

勲章（勲等のあるもの）　旭日章、宝冠章、瑞宝章の三種。金鵄勲章は廃止。

戦後当初は死没者だけで、昭和二一年五月以降、生存者への叙勲は中止されていたが、昭和三八年七月、池田内閣の時に閣議決定で生存者叙勲を復活させ、翌三九年四月、生存者への叙勲を

行った。現在は毎年、四月と十一月に主として七十歳以上を対象に生存者叙勲を行っている。

文化勲章（勲等なし）　勲章の中で文化勲章は別格で、主として七十歳以上という制限はなく、業績によって四十歳台の人にも授与されている。

褒章　社会的貢献と善行者に贈る。

日本国憲法との関係

栄典の授与は戦前は天皇の大権事項（大日本帝国憲法第一五条）だったが、戦後の日本国憲法では、内閣の助言と承認によって行う天皇の国事行為となった。

世襲的なもの、身分的なものは日本国憲法によって禁止されている。

日本国憲法第一四条　すべて国民は、法の下に平等であって、人種、信条、性別、社会的身分又は門地により、政治的、経済的又は社会的関係において、差別されない。

②華族その他の貴族の制度は、これを認めない。

③栄誉、勲章その他の栄典の授与は、いかなる特権も伴はない。栄典の授与は、現にこれを有し、又は将来これを受ける者の一代に限り、その効力を有する。

栄典授与等の根拠は、褒章条例、文化勲章令などによるが、文化勲章などに付随する年金については、「勲章その他の栄典の授与は、いかなる特権も伴はない。」という憲法の規定に抵触する疑問があったが、文化功労者という制度を作り、これに年金を贈ることで解決した。

5. 勲章・栄典のあるべき姿

以上、日本の勲章・栄典制度について、その歴史上の変遷と現状を述べたが、以下に、勲章・栄典のあるべき姿についての考えを述べたい。

その際に、勲章の本来の意義と、日本国憲法との関係の二点が重要なカギとなる。

勲章無用論と有用論

勲章を中心とする日本の栄典制度について改革すべきだという意見が最近、俎上に乗り、平成十五年秋には女性にも旭日章を与えるなどの小手先の改革が行われたが、その一方では、勲章そのものが無用であるとの論も根強い。私は基本的には勲章無用論が正しい方向を指しているものと考える。

しかし近代刑法学の祖といわれるベッカリーアは、一七六四年に刊行した『犯罪と刑罰』で次のように言っている。

「犯罪予防のいま一つの方法は有徳行為に褒賞を与えることである。然るに、私の観るところに依れば、この提説に対しては、現今いづれの国の法律に於いてもひとしく完全な沈黙を守っているようだ。しかし諸国の学士院が有用な発見をした者に与える賞与がますます智識を擴め立派な著述を増やす契機になるのだから、まして君主の温情のある手に依って付与される褒賞が、有徳行為を、ますます増加させないといえようか？　聡明を以て分配された名誉の賞金は決して朽ちるものでない。そして絶えず善き果実を結ぶのである」（風早八十二訳）

勲章が持つこのような効果も考えるべきであろう。それは日本の場合、文化勲章とか、褒賞によって満たされているものと思う。

＊

それならば一般の勲章の意義はどこにあるのだろうか。

法の下の平等に勲章はふさわしくない。

本来、勲章は「命の代償」に受けるものである。「命の代償」それは軍人に限られる。軍人や軍隊がない平和国家の日本に勲章は無用である。しいて勲章の存在理由を挙げれば、自己の生命をかえりみず人命救助をおこなった民間人、消防士、さらには身の危険をかえりみず犯人逮捕を行った警察官にこそ勲章は贈られるべきであって、国家から職務遂行の代償に給料を受け取った公務員、企業から莫大な報酬を得た経営者、財界人が勲章を受けるのはおかしいし、十分にカネを稼いでいる芸能人、芸術家、学者が勲章をもらうのも不合理である。勲章は命より尊いものであり、命の代償に与えられるべきものなのである。

文化勲章もその意味ではおかしい。勲章をさげた芸術家の姿ほどグロテスクなものはないであろう。

勲章の等級を減らすとか、単一化しようとかの動きもまた姑息である。これは勲章そのものの矛盾を解決するものではないからである。

平成十五年の小手先だけの変更

平成十五年の秋の叙勲から勲章について次の変更が行われた。
①等級の勲一等～勲六等という称号をやめた。
従来、旭日章は男性専用で、勲一等旭日大綬章、勲二等旭日重光章、勲三等旭日中綬章、勲四等旭日小綬章、勲五等双光旭日章、勲六等単光旭日章と呼び、男女共通の瑞宝章は単に勲一等瑞宝章～勲六等瑞宝章と呼んでいた。これを旭日大綬章、旭日重光章、旭日中綬章、旭日小綬章、双光旭日章、単光旭日章と呼び、瑞宝章も瑞宝大綬章、瑞宝重光章、瑞宝中綬章、瑞宝小綬章、双光瑞宝章、単光瑞宝章と呼ぶようにした。
②女性専用の宝冠章の叙勲を停止し、これに該当する場合、男性と同様の旭日章に変えた。
③勲七等と勲八等の叙勲をやめた。

＊

以上の措置の問題点は次の通りである。

①勲一～六等という呼び名をやめながら実質的には六等級の区別を残したこと。②宝冠章という女性らしい優美な勲章をなくし、男性専用の、ごつい感じの旭日章に統合したおかしさ。③従来の宝冠章の皇后を含めた帯勲者の上位に新しい旭日章叙勲者が上位に立つのか。また勲七、八等という下位の勲章を廃止したまま従来の叙勲者を放置するのでは侮辱となりかねない。所詮、これらの変更は、小手先だけの矛盾に満ちたものである。

新しい日本の勲章への提言

現在の日本にもしも勲章制度を残すのであれば、次の三種類の勲章で十分であると考える。

一、名誉勲章　人命救助をはじめ身を挺して人の危難を救った人に贈る。一件について一個。加授も行う。

二、納税勲章　国や自治体は税収によって成り立っている。国最大の功労者は納税者である。十年連続で一定額以上の所得税を完納した人に贈る。十年ごとの加授を行う。

三、儀礼勲章　外国元首などに贈る外交上の儀礼勲章。

第二部　韓国編

第二部序説

一〇世紀から二〇世紀までの一千年、韓国では二つの封建国家が存在した。九一八年から四七五年続いた高麗王朝と、一三九二年から五一八年続いた朝鮮王朝で、ともにアジアでも稀れな長期政権だった。高麗を創建した王建と朝鮮王朝の創建者李成桂は、ともに武将だったが、「重文軽武」の王政を貫き、文治優位の官僚政治を行い、高位官職、支配層の多くは科挙によって英才を選抜登用した。この一千年間、現在に至る国境と版土を守り、今日の韓国はアジアにおいて日本に次ぐ大きな単一民族国家となっている。二〇世紀に至り三五年間に及ぶ被植民地支配、半世紀に及ぶ南北分断、北の南侵と脅威から血の教訓を得た韓国は内外で英才の育成、有能な官僚機構と安保体制、経済発展等によりアジア有数の先進国家となった。本編は、この韓国の官僚制度と体系の変遷を簡明にまとめたものである。

朴　進　山

第1章　韓国中世の官僚と身分制度

第1節　韓国の中世以前の身分と位階制度

「千年社稷の新羅」といわれる新羅の国は、紀元前五七年に、韓半島最初の封建国家として、歴史的な古都慶州（慶尚北道の東南部）を王都とし、朴赫居世（朴氏姓の原始祖）が初代王となって創建された。

新羅建国から二十年後に、半島北部で高句麗が建国され、またその三九年後には西南部で百済が建国され、長く三国時代が続いた。

新羅は六世紀に中南部に位置する伽倻国を併合し、西紀六六〇年には百済を滅亡させ、第三十代王文武王八年に当る六六八年には高句麗を征服して三国統一を成し遂げ、史上最初の統一国家新羅が成立、九三五年滅亡するまで九九二年間およそ千年近く続いた史上まれに見る長期政権の国家であった。

西欧史上最長の国家である古代ローマ帝国は、新羅より三十年遅れて紀元前二七年に建国され、四世紀末には西と東ローマ帝国に分れ、東ローマ帝国は十五世紀末まで続くがその間に九王朝が交代した。

ローマ帝国に次ぐ長期政権国家である新羅はおよそ千年の間に、朴・金・昔の三姓氏の王族が婚姻関係を結び、平和的に王位を交代継承して長期政権国家となった。

新羅は、歴代王が王族貴族を頂点とした官僚支配体制を確立し、封建的身分制度と民族的宥和政策をはかり、長期的安定国家を維持した。

強力な封建国家の統治と長期安定政権を維持するには、王の信望権威、支配階級と有能な官僚指導層の形成、位階身分制度の秩序維持等、国家社会の基幹が確立されてこそ可能であったことは、中国・日本の歴史にも共通する史実である。西紀六一八年に建国された唐が九〇七年滅亡するまでの二九〇年の間、唐の政治官僚制度・文物社会制度が新羅や日本の奈良時代に大きな影響を及ぼした。

七世紀新羅は三国統一を成し遂げた以後、百済・高句麗のよい制度を取り入れたり、唐の先進的諸制度を多く受け入れた。

王侯貴族の身分制度・位階官職制度を確立し、儒教仏教等の宗教活動の普及、「花郎道」の高揚と軍事組織の整備が強化された。

このような新羅の国家体制が強化されるのと平行して「骨品制度」という身分・位階制度が形成された。これは血統・位階・功労・能力等が結合された完成した制度であった。

骨は血統を表し、品は位階・身分を表した。

新羅の王侯貴族階級は「聖骨・眞骨」と称せられ、王族の子孫・その姻戚・功臣・重臣の一族がこれに相当した。

聖骨は父母が共に王族の血族で、王位は聖骨から継承し、眞骨は父が王族の家系で母は王族以外の血統から生まれた子孫を云い、重要な中央官職や軍団の将軍に任用された。

その次に「六頭品・五頭品・四頭品」の身分階級があり、これらを頭目階級と称し、国家の中堅要職や軍団の中間指揮者に就いた。

最上位の官職である「上大等」（大臣・長官）には聖骨または眞骨出身の有能な者が任命された。

新羅は、六～七世紀ごろ強大な封建国家となり、第三十代王文武王（金春秋・六六一～六八〇年）は、忠臣金庾信将軍と協力し、強い指導力を発揮して三国統一を成就し強大な新羅国家を確立した。

この時代に、「花郎」（花郎徒）が形成され、国家・社会・軍団の中心勢力・エリート集団となった。

これは、青年貴族・騎士集団で、一五～二五歳の貴族出身、強健、英才の好男子を選抜して、儒・仏・仙の三道を修業し、三徳五戒の信條、武術と忠君愛民の精神を体得した文武兼備の超エリート集団であった。

花郎は萬民から尊敬信頼され、平時には社会の指導的要職に就き、戦時には、国土防衛に心身を捧げて軍団を陣頭で指揮し、「臨戦無退・殺身成仁」の不屈花郎道精神で愛民護国の忠臣となった。

三国統一の英雄、新羅を代表する将軍である金庾信も花郎徒出身であり、新羅の花郎を後世では「国仙または仙郎」と呼び尊敬した。

西欧の騎士道、日本の武士道と比肩される花郎道は、今日、大韓民国国軍の将校団にも継承され、花郎道精神の伝統で訓育し、韓国陸軍士官学校所在地を「花郎台」と称している。

日本の戦前・旧陸軍士官学校を相武台、航空士官学校を修武台、韓国士官学校を花郎台（建国当時は泰陵武台）と称するのは、武士道・花郎道を教育する台地という意味だろうか。韓国の軍人にのみ授与される武功勲章に「花郎武功勲章」がある。

統一新羅時代には、官職の位階一七等を定め、官職により公服の色を区別し制定した。（表1—1）

聖骨・眞骨は一～五等の位階で、紫色の公服を着用した。

表1—1　骨品・位階と公服の色

位階	骨品	公服の色
1～2等	聖骨	紫色服
3～5等	眞骨	紫色服
6～9等	六頭品	緋色服
10～13等	五頭品	青色服
14～17等	四頭品	黄色服
平民	三頭品以下	平服（白・黒）

第２節　高麗時代（中世）の位階・官職・科挙制度

１．高麗王朝の位階・身分制度と官職制度

西紀九一八年に、王建が高麗王朝を建国して初代国王太宗となって王位に就き、都を松都（京畿道開城）に定め、一三九二年まで四七五年間続いた。

高麗王朝は、新羅の王族や高位官職者を多く包容任用し、新羅の官職身分制度を受け継ぎ、さらに唐・宋の科挙制度・官職制度も取り入れ消化して、高麗王朝独自の位階・官職・身分制度を作り上げ、第三代王定宗時代（九四五～九四七）にほぼ確立された。

高麗王朝は、中央政府に、三省―尚書省・中書省・門下省と、六部―吏・兵・戸・刑・礼・工部を置き、文治体制を基本として、高位官職は世襲制を無くし広く有能な人材を登用すべく科挙制度を採用した。高麗の科挙制度は、進士科・明経科（以上は文科）と、専門職の医科・僧科も科挙試験があり、武科の科挙はなかった。

２．中国の科挙制度と高麗の科挙制度

中世から近世にかけて、宋・元・明等中国の中世の位階・官職制度および科挙制度が、高麗・朝鮮王朝に伝わり制度化された。

表1—2　高麗王朝の品階と官職

品階	門下省官職	尚書省官職
正一品	−	−
従一品	門下侍中 （議長に相当）	尚書令 （総理に相当）
正二品	門下平章事	左右僕射（副総理） 六部判書
従二品	知門下省事	知承平
正三品	左右書侍	尚書
従三品	直門下	知判事・知部事
正四品	諫議大夫	侍郎・判官
従四品	中書・舎人	知司事
正五品	居郎	郎中
従五品	左右司	殿中
正六品	左右補闕	員外郎
従六品	左右捨遺	文吏
正七品		堂後官
従七品	門下録事	都事
正八品		
従八品		律学博士
正九品		直院・学正
従九品		律学助教
吏属	主事・記官	計吏・令書・算士

中国で高位官職・官吏の登用に科挙制度を実施したのは七世紀頃、随の時代からであり、その後、王朝が変わるに従い一層改良され制度化された。

儒教の祖である孔子の思想・教理に基づく封建社会制度が形成される以前は、国家の支配階級が世襲の状態となり、その結果、貴族政治は衰退堕落して行き、王政は次第に弱体化されていった。

賢明な君主が停滞衰亡をたどる政治を活性化し善政を施すためには、広く有能で忠誠心の強い人材を登用しようと科挙制度を施行するに至った。

六〇八年随王朝は、科挙制度を国家政策として体系化施行し、続く唐王朝に受け継がれ、およそ一三〇〇年間続いた。

唐の初期、貴族の世襲、子孫・功臣子弟が高位の身分・官職を占有し権力を強めていたのに対し、君主は科挙により広く中下位官職の子弟・庶民層から、知識水準が高く有能な人材を公平に、試験で合格した進士（科挙合格者の称号）を登用して競争させた。

年月がたつにつれて実力のある進士の実績が評価され民衆の尊敬を受けたので、広く官民が支持して人気が上昇するに従い、貴族の子弟も科挙に応ずるようになった。

唐の玄宗王の時代、宰相に任用された三一人のうち一一人が進士、次の憲宗王のとき二五人のうち一五人が進士であった。

宋（九九〇～一一七九）の時代に、科挙の應試者七〇〇〇人のうち、三〇〇人が進士となった。

科挙の最終試験である殿試（天子が座主となって行う科挙試験）で、一番の成績で合格した者を「壮元」と称し、任官後一〇年位で宰相に昇進した。

北宋の中期、王安石の時代には、太学（国立大学）を設立し、延べ二四〇〇人の書生を教育して科挙の試験を受けさせた。

明朝・清朝の時代にも、武力で天下を取り支配したが武力のみで天下を長期間安定的に統治することは適切でないと悟り、科挙制度を継承して文治体制を確立し、清朝末期まで続いた。

科挙制度がもっとも完備されたのが一九世紀の中頃であった。

当時の科挙は数段階の試験が行われ、厳選された者が最後の試験、殿試の結果、最終の合格者が確定された。

最初は、地方単位の県試を経て、地区別主要都市で行う府試に合格した者に対して、省単位の院試が省の提学（教育長官）の監督下で行われた。

この三段階の試験に合格した者を「擧人」と称し、擧人は中央政府が三年に一回実施する殿試（天子の立合下の試験）の成績順に、甲・乙・丙の三区分をし、従九品以上の位階を与えて中央官職に任用して進士の称号を与えた。

当時のことわざに「院試の一番は天下一の秀才、殿試の一番は天下一の幸福者」といわれた。

科挙試験の成績順位が、位階・官職昇進の尺度・序列となって一生に影響を与えた。

あたかも戦前の日本の官僚社会では、高等文官試験の成績が、権勢のある中央官署への就職・官職や官位の昇進のバロメータになり、また軍人は陸軍士官学校・陸軍大学校の成績が将校の人事考課表に記載され一生の間昇進に影響を及ぼしたのと類似している。

高麗王朝は、中国の科挙制度を取り入れ修正補充して科挙体制を確立し、四百数十年間、系統的に実施した。

科挙制度に対応した教育制度も整備充実化した。

一二世紀高麗王朝中期の教育制度は表1―3の通りで、身分・位階によって区別される。

表1—3　高麗中期の教育制度

名称	入学試験資格	定員
国子監 (後の成均館、今日の大学院)	文武官三品以上の子弟	300人
太学 (大学に相当)	文武官五品以上の子弟	300人
四門学	文武官七品以上の子弟	300人
京師六学	文武官八品以下の庶民子弟	定員無
郷学	地方主要都邑	定員無

高麗王朝は、王族と功臣の門閥貴族と両班など高位官僚の支配階級を頂点とし、その次に実務官僚である中人階層（医官、訳官、下級官吏、郷吏、下級軍官）は、国家機関で教育を受け官僚社会の構成員となった。これに対して大部分の庶民は、農民、商人、手工業者、士兵などで良民階層を構成し、最下層には賎民階層があり、以上、四つの階層に区分けされていた。

功臣と正五品以上の官僚の子孫は、科挙によらず官僚に登用される「蔭叙制度」があった。

高麗王朝の後期に至って、儒教、とくに十三世紀の朱子学の普及に伴って儒教の教養が高く評価されるに従い、国子監は成均館に改編され（一三〇八年）儒学の最高学府・研究機関となった。

この時期から高位官僚は、科挙の合格者が広く登用されたので、学徳の優れた人材が競って科挙の登竜門に集まった。

第2章　朝鮮王朝時代（近世）の封建的官僚制度

第1節　朝鮮王朝時代の科挙制度

朝鮮王朝を建国した初代王李太祖（李成桂）は、建国二年目の一三九四年に、高麗王朝時代に制度化されていた科挙を実施し、新しい国政に必要とする人材を広く登用して、朝鮮王朝の基盤を確立しようとした。

朝鮮王朝の科挙試験は、一八九九年第二六代王高宗三一年に、甲午改革で廃止されるまで五〇二年の間、定期的三年毎に継続実施されたことからみても、儒教国家の国政行事として確立されていたことがわかる。

科挙試験は、三年に一度定期的全国的規模で行う式年科挙と、国家や国王の慶祝記念行事の一部として臨時に行う別試科挙の二つの方法があった。

式年科挙は、一次試験の初試を郷試といい、道別に地方長官の監理下で実施し、その合格者が二次試験の覆試である会試の受験資格を得た。

会試は、中央官庁で判書（大臣）が試験官となって行い、司馬試とも称し、進士科一〇〇人、生員科一〇〇人を選抜して、進士・生員の称号を与えた。

最終の科挙試験を、文科大科といい、国王臨席のもとで行うことから、殿試とも称せられ、生員・進士および成均館修了者等二四〇人が受験し、最終的に三三人が及第選抜された。

殿試合格者の成績によって、甲科三人、乙科三人、丙科二七人に区分し、甲科首席合格者を壮元及第と称して、特別優遇、従六品、他の二人に正七品の位階を与え、乙科三人は正八品に、丙科二七人は正九品・従九品の品階を与えた。

武科も、初試・覆試（会試）・殿試の三段階で実施し、覆試合格者を、閑良（ハンリャン）と称し、武科大科の殿試の合格者に、先達（ソンタル）の称号を与えた。

武科の初試は経書・兵書・武術（弓・騎・射・剣）の科目で試験、さらに覆試で一二〇人の合格者に閑良の称号を与えた。

覆試の合格者が、最終の科挙試験である殿試で二八人の合格者に成績順で、甲科三人、乙科三人、丙科二二人を確定した。

武科殿試は、学識・才能・品行・志操・風采・生活態度等を総合的に判定し、京畿地方から二一人、慶尚地方から二人、その他地方五人の制限があった。

科挙は、文武科のほかに雑科があり、専門職・技術職の試験で、医科（医官）、律官（法律）、訳科（通訳官）、陰陽科（天文・地理・周易）の区分があり、中位官職の子弟が受験して、合格者は終身専門的官職に任用され、中人階級を形成した。

高位官職・高い位階への登竜門、出世の関門である科挙の試験を受けるには、四書五経等儒学の実力および、高いレベルの書芸詩文の修業を積み重ね、そのほかに家系・血統・人格・門閥等の出自の厳しい条件があった。

三族の家門・血統として、①父・祖父の血統や経歴、②母の父（外家）すなわち外祖父、③妻の父（妻家）の近親が、常民以上の身分であり、犯罪者・精神異常者の有無等が確認された。

科挙の合格者は、二〇歳の青年から五〇歳台の晩学もあって年齢差があり、首都には高位官職者、貴族階級が多く、教育機関も整備されていたから、科挙の大部分はソウルとその近辺の出身が占め、地方出身者は極めて少なかった。

科挙文科の二次試験である会試の生員科・進士科の合格者名簿を「司馬榜目」（サマバンモク）と称し、李王朝五百年間に、その名簿に記載されている生員・進士の総数は、およそ四七、七〇〇人に達するとされている。

生員・進士の称号は終身維持し、族譜にも記載されて名門家系の標識とされ、殺人罪以外の罪では逮捕されない特権を有していた。

生員・進士のうち、文科大科の殿試に合格した者の名簿「文科榜目」に記載されている人数は、ハーバード大学のワグナー教授の調査によると、一四、五九二人であり、日本の歴史学者宮島博史教授の調査では、一四、三三二人に過ぎないとされている。

また別の文献資料によると、一五、一九四人の説もあるが、何れにしろ、一万五千人前後の人数、一年平均二三人が合格したから、極めて狭き登竜門であったことはたしかであり、わずか一万五千人のエリートが朝鮮王朝五百年を支配してきたことになる。

武科大科に合格した総人数は不明であるが文科大科の半分以下と推定され「重文軽武」の伝統から、正二品以上の高位階の官職は文科大科の合格者が大部分を占めた。

雑科科挙の合格者は、従三品以下の堂下官に止まり、例外的に正二品の堂上官に昇進したといわれる。

朝鮮王朝五一八年のうち、科挙が実施された五〇二年間（一三九三～一八九四）に、三年毎定期的に実施された、式年試が一六三回で五、九七七人が及第した。一回平均三七人が、文科大科の最終科挙試験に合格した。

式年試のほかに、国家や国王の慶祝記念行事の一部として、いろいろな名称を附して臨時に行う科挙が六四二回施行され、九、二一六人が合格し、全合格者の六一％を占めた。

臨時科挙のうち最も多いのが、庭試で二〇五回に二、七二一人が合格し、増広試は、六四回で二、五八六人、別試が一七一回で二、二八六人が合格した。そのほかに、重試・謁聖試・親試・春台試等があった。

臨時科挙は、主として首都と近郊に居住する王族・重臣・学者・高位官職者の子弟に、科挙へのチャンスを多く与え、特別任用の目的で、公布後短期間で実施したので、地方在住者には不利で応試者も少なかった。

一九世紀の後半になると科挙の合格者が急増したのに対して官職の定員はそれほど増えないので、官職に就けない者、任用されても短期間で交替させられる者が多く、その権威が低下したので、甲午改革（一八九四年）の時に廃止となった。

朝鮮王朝五百年の間、科挙の文科大科合格者およそ一万五千人のうち、特定の名門血統家系に集中し、次の一〇姓氏本貫の家系出身が二四％を占めた。

一位は、朝鮮王朝の王族である全州李氏出身が八四四人で五六％を占め、二位が安東権氏三五八人、三位が坡平尹氏（王妃の家系）、四位が南陽洪氏、五位が密陽朴氏、以下安東金氏・光山金氏・延安李氏・清州韓氏・麗興閔氏の順であり、これらの家系は名門家統として、当時の社会では威勢が高かった。

科挙の試験に応ずるためには、儒教の教理、四書五経に精通し、詩文書芸の優れた能力が要求されたので、幼少の頃から青年期に至るまで、ひたすら高名な学者に師事し修学勉励しなければ

表２―１　科挙の実施回数と合格者

文科大科（1,393～1,894）

科挙区分	回数	合格者数
式年試	163	5,977
臨時試験	(642)	(9,216)
増宏試（慶祝試）	64	2,586
重試	52	380
別試	71	2,286
庭試	205	2,721
謁聖試	87	665
親試	15	181
春台試	22	149
其他試	26	243
合計	805	15,194

式年試　　１回当合格者　　37人
臨時試　　１回当合格者　　14人
502年間１年平均合格者　　23人

ならなかった。

教育機関としては、村単位に書堂があり、日本の寺子屋、今日の初等学校に相当する教育機関で、その上が、郡・県単位に、郷校という中等学校が、孔子廟と併設されていた。

本格的な科挙應試教育は、私立大学に相当する書院、たとえば陶山書院・紹修書院・徳川書院等で、当代の高名な士大夫・儒林の学者が儒生を訓育した。

また首都には国営の四学（東・西・南・中の四ヶ所に設立）で、両班・高位官職者の子弟のみを入学させ科挙の準備教育をした。

最高学府として成均館があり、高等教育、研究機関の役割と、官僚養成機関の役割を果たし、日本の明治時代の東京帝国大学のような学校であった。

成均館には、生員・進士と、高いレベルの儒生等が入学する、最高の教育機関であった。

朝鮮王朝五百年を五期に分けて、科挙の合格者を調べると、第一期（初代王から第九代王まで一〇三年間）の全合格者は一、四八〇人で一年平均一四人、第二期（第一〇代王から第一四王まで七〇年間）の合格者数は一、六二七人、一年平均二三人であった。

第三期（第一五王から第一八王まで一一〇年間）の合格者数は二、九六六人、一年平均二七人で、第一期の二倍が合格した。

第四期（第一九代王から第二二代王まで一二六年間）の合格者数は四、五四四人、一年平均三六人に増加した。

表2―2　朝鮮王朝時代　科挙文科大科　合格者　推移

期別	時　期	合格者 人	1年平均合格者	上位30姓氏比率
第1期	1392～1494（103年）	1470	14	% 37
第2期	1495～1564（70年）	1629	23	39
第3期	1565～1674（110年）	2966	27	47
第4期	1675～1800（126年）	4544	36	52
第5期	1801～1894（94年）	3726	40	57

第五期（第二三代王から第二六代王まで九四年間）の合格者数は三、七二六人、一年平均四〇人に達した。

また、科挙合格者は、特定の名門家系に集中する傾向が、次第に高くなり、上位三〇名門家系の合格者比率が、第一期から第二期までの朝鮮王朝前半期には、四〇％以下であったのが、末期の第五期には五七％を占めるように、名門両班家系の集中度合いが大きくなり権力の集中化、私物化が進んだ結果であろう。

朝鮮王朝時代、一七世紀から一九世紀の間、朝鮮の全人口は、石南国教授の「韓国の人口分析」によると、およそ五百万から七百万人の間を増減していた。当時は、飢饉、戦乱、疫病等で、長期に亘り人口は停滞していた。

第2節　位階秩序と官職制度

封建社会は、絶対君主を頂点として、王族および貴族・両班等の支配階級が、高位官職・文武百官を独占して、中人階級、常民・賤民の上に君臨した。

中人階級は、専門職・技術職・中位官職者等で形成され、国家の実務上の実権を握り、その下に、下級官職者・吏属・常民階級が多数を占めていた。

これら多くの官職・身分の上下は、すべて位階によって秩序が規制され、品階に相応する官職に任用され、社会秩序が確立されていた。

品階は、正一品・従一品を頂点として、正九品・従九品までの一八位階に区分される。

王室を除くすべての国家の政務は、議政府に集中し、議政府の最高官職は「一人之下・万民之上」といわれ、王に次ぐ地位である「領議政」（略称領相）および左議政・右議政が、正一品の最高品位に位置する。

副総理に相当する左賛成・右賛成が、従一品であり、行政・司法・立法の三権がすべて議政府に集中しているので、領議政・左右議政・左賛成・右賛成等、正一品、従一品の官職者は、強大な権能を有していた。

副総理補に相当する左参賛・右参賛が、正二品の官職であり、議政府の高位七人の官職が、文武百官を統括して国王を輔弼する。

議政府の下に、六曹（各省に相当）があり、吏曹（内務省・人事院に相当）、戸曹（財務省・自治省に相当）、兵曹（国防省）、刑曹（司法省・警察庁に相当）、礼曹（文部省に相当）、工曹（商工・建設・運輸省に相当）があり、その長官である官職「判書」は正二品の位階である。次官に相当する「参判」は、従二品、局長に相当する「参議」は、正三品の官職である。

領議政・左右議政の三政丞（セイジョウ）を三公、六曹の判書を六卿、合わせて「三公・六卿」（日本の公卿に相当）と称した。

朝鮮王朝時代は、全国を八道（京畿・忠清・慶尚・全羅・江原・黄海・平安・咸鏡）に区分して統治し、首都・漢城の知事を判尹と称し、正二品。各道の知事を観察使または監司と称し、左尹、右尹（漢城の副知事）とともに従二品である。

地方駐屯の部隊の司令部として各道観察使所在地に監営を置き、兵馬統制使（陸軍地区司令官）、水軍統制使（海軍地区司令官）は従二品の武官であった。

陸軍の部隊駐屯地を兵営、海軍の部隊駐屯地を水営と称し、部隊長の兵馬節制使または兵馬節度使・水軍節制使は、正三品である。

以上の通り、正三品以上の文官（東班）武官（西班）の高位官職者を総括して「堂上官」と称し、高位官職者の代名詞のように使われた。

堂上官は、戦前日本国の高級官吏、親任官・勅任官・軍人の将官に相当する官職で、現代韓国

表2―3　朝鮮王朝時代・品階・官職名

官位	品　階	官　　職　　名
堂	正一品	領議政、左右議政、都提調、領事
上	従一品	左右賛成、判事
官	正二品	左右参賛、判書、判尹、大提学、都総官、知事
	従二品	参判、監司、府尹、兵馬節度使、水軍統制使
	正三品	参議、牧使、僉知事、都正、上護軍 兵馬・水軍節制使
堂	従三品	参知、司成、都護府使、大護軍
下	正四品	舎人、應教、提検、護軍、萬戸
官	従四品	経歴、僉正、郡守、副應教、副護軍
参	正五品	検詳、正郎、直講、校理、司直
上	従五品	判官、県令、都事、副司直
官	正六品	佐郎、
	従六品	司果、兵馬節制都府、評事 教授、察訪、県監、部将、主簿
参	正七品	博士、奉教、記事官、司正、参事
下	従七品	明律、算士、直長、副司正、勤事
官	正八品	司錬、侍教、学正、参奉、司猛
	従八品	計士、奉事、工造、従事、副司猛
	正九品	訓導、副奉事、正字、侍教、司勇、隊長
	従九品	三奉、検律、会士、副司勇、別將

の高位公務員である別定職・管理官（一級）・理事官（二級）軍人の少将以上の将軍に相当するものである。

従三品以下、従四品までを「堂下官」、正五品以下従六品までを「参上官」と称し、中位官職で、日本の旧官制の奏任官、軍人の佐官級に相当し、韓国の公務員、副理事官（三級）・書記官（四級）のレベルである。

正七品以下従九品までの品階を「参下官」と称し、旧日本の官制では奏任官の下位と判任官の上位に相当し、軍人では尉官、高級下士官、韓国の公務員の事務官（五級）主事（六級）に相当する。

朝鮮王朝時代、地方官庁の末端首長は、従六品の県監で、五～一〇の面を管理するが、品階を有する官職は、県監一人のみで、吏房・戸房等六房（六つの課）があり、数十人の吏属（リゾク）および衙典（アチョン）と呼ばれる品階を持たぬ下級官吏、土着郷吏が、すべてその実務を担当した。

一方、各道トップの監司（従二品）の下には、地域の都市の規模と重要性、人口等により、その首長は牧使（正三品）府使（従三品）郡守（従四品）縣令（従五品）縣監（従六品）の官職者で、その郷庁（官庁）には六房（吏・戸・礼・兵・刑・工）が置かれ、事務を分掌した。郷庁の事務担当者を、衙典・書員・吏属等と称し、品階のない下級官員であったが、かなりの実権を行使した。

官職者の俸禄は、品階によって結数が定められ、結は一定量の穀物を収穫する農地の面積で、日本の石高（コクダカ）で俸禄を定めたのと同じである。

品階は、科挙に合格して下位の品階に任用され、漸次昇進するが、科挙の成績・実力・功労・実績・門閥・家系等により、少数が参上官、堂下官に昇進し、ごく一部が堂上官に栄進する。

表２—４　位階別の支給結数
（俸禄高）（結は農地の単位）

品階	結数	品階	結数
大君・王子	225	正五品	40
君（王族・功臣）	180	従五品	35
正一品	110	正六品	30
従一品	105	従六品	25
正二品	95	正七品	20
従二品	85	従七品	20
正三品	65	正八品	15
従三品	55	従八品	11
正四品	50	正九品	10
従四品	40	従九品	10

科挙によらず、特権層の子弟に対しては「蔭叙」（インジョ）の制度があり、特別に一定の品階に叙任した。

王族がその身分から離れる子弟と功臣や高位官職者の子弟に対しては、血統・家門の権威を継続維持するための手段として蔭叙の制度があった。

正三品以上の高位官職者の嫡出男子は、正六品の位階を、正五品以上の中位官職者の嫡出男子に対しては、従九品の位階を与え、官職に任用した。

第3節　王族および封爵と両班制度

中世の四七四年間続いた高麗王朝が衰退、滅亡して、一三九二年に、英雄的武将であった李成桂が、易姓革命で、朝鮮王朝を建国して、初代国王李太祖に就いた。

国号を朝鮮に改め、都を開城（松都）から漢城（現在のソウル）に移し、王宮と王都を新しく建立した。

朝鮮王朝は、窮乏にあえいだ民生を救済し、旧弊を改め、仏教を抑制し、儒教立国・経国済民を政治理念とする道義国家封建体制を確立すべく全力を注いだ。

李太祖が朝鮮王朝を建国し、五男の李芳遠が三代王太宗の王位に就き、庶政を刷新して、新しい王朝の国基が固まった。

太宗の三男、四代王の聖君、世宗大王（在位一四一八〜一四五〇）の代に儒教治国の理念を確立し、文治体制封建国家が完成した。

朝鮮王朝五百年間続いた位階官職制度と封建的身分制度も整備確立された。文化面でも千年以上続いた漢字文化のほかに、朝鮮語を正しく表す表音文字「訓民正音」（ハングル）と称せられる独自の朝鮮語文字を制定し、庶民や女性に普及された。

朝鮮王朝五百年の間、特権階級として支配してきたのは、王族・功臣・科挙に合格して昇進した高位官職者等の両班階級であった。

李成桂が朝鮮王朝を建国したとき功労のあった開国功臣、第三代王太宗が王位に就くまで王子の乱で功労のあった佐命功臣、壬申倭乱（文禄・慶長の役）のとき戦功武勲があった宣武功臣、燕山君・光海君等暴君を廃止する政変、中宗反正・仁祖反正のとき功があった靖国功臣・靖社功臣等、二八種の功臣があった。

二八種の功臣は一等・二等・三等に区分され、総数五六八人に及び、各人に封爵を与え高い位階と官職に任用し、国王の側近勢力となって、いわゆる勲旧保守派を形成した。

朝鮮王朝初期から、学徳を積み重ね、科挙大科に合格した士大夫出身の秀でた知識を体得した有能な新進官僚は実力があり、革新的で正義感が強く、国民から信望と支持が厚く、実質的に国政の中心勢力になっていた。

貴族・両班階級は、国の支配勢力として、文武対立よりも、勲旧保守派と士大夫・新進官僚勢力との対立と競合が激しかった。

『王族の尊称・称号』

王　　・・・　主上・上監媽媽（サンカムママ）と呼んだ。
王妃　・・・　王后・中宮殿・中殿
王の父　・・・　大院君（王位に就かなかった王の父）
王妃の父・・・　府院君
王・王妃の母　・・・　府夫人（王位に就かなかった王の母）・正一品
前王の妃　・・・　王大妃
王太子・王世子　・・・　王位を継承する王子
大君　・・・　王の嫡出男子・王妃が生んだ王子
君　・・・　王妃以外の側室（嬪・貴人・尚宮等）が生んだ王の男子
公主（コンジュ）・・・　王妃が生んだ王女
翁主（オンジュ）・・・　王の側室が生んだ王女
王世子妃　・・・　王位を継承する王世子の妃（正室）
附馬（ブマ）・・・　公主・翁主の夫（王の婿）

王の側室で、王子を生んだ宮女は、嬪（正一品）・貴人（従一品）・昭儀（正二品）等の称号と品階を与えた。第二八代王位を継承する予定の王太子である英親王李垠（ギン）殿下は王妃閔妃の死後父王高宗と巌嬪（正一品）の間に生まれた王子であった。

公主・翁主は、王族である同姓の男子とは結婚できないので、異姓で王族以外の男子と結婚すれば、正一品から従二品までの品階が与えられた。

著名な功臣、功労至大な高位官職者に対しては、王命により封爵および称号が与えられたし、夫人にも次のような称号が与えられた。

「君」の封爵は、王族以外で、国家に特別に功労があった正一品・従一品の高位官職者に与えられた。

貴族階級・士大夫（学者）・高位官職者を一般的に「両班」（ヤンバン）と称するが、今日使われている両班の語意は、次のように多様である。

①礼儀正しく、善良で学徳のある人。
②中上流階級の婦人が、第三者に対して自分の主人を指している場合の通称。
③士大夫・学者（ソンビ）等名門出身の通称。
「士農工商」と云う場合の「士」は、日本では武士階級・韓国の場合は士大夫・学者を意味する

④科挙に合格して、生員・進士の資格を得て品階を授けられた官職（ビユスル）に就いた者。

⑤厳格な意味での両班は、堂上官すなわち正三品以上の文武百官、東班は文官で西班は武官のこと。日本の旧官制で、親任官・勅任官と武官では将軍級の上層階級に相当する。

両班の大部分は、首都漢陽（ソウル）とその近郊に住み、地方や農村に住む両班は少なく、在地両班、または郷班と呼んだ。

両班の称号は、世襲されたが、四代の子孫までで、五代目までに高い官職に就かなければ平民となった。（五代無官職平民）

両班には次の特権があった。

①科挙に応試し、及第すれば官職に就く。
②兵役が免除される。
③地租（地税）以外の雑税は免ぜられる。
④罪を犯しても、特恵を受けられる。

両班の夫が、両班または常民出身の正室婦人から生まれた子女は、両班となりうるが、側室か

表２−５　高位官職者の封爵および称号

品階	本人 文官	本人 武官	夫人
正一品	輔国崇禄大夫	−	貞敬夫人
従一品	崇政大夫	−	貞敬夫人
正二品	資憲大夫	−	貞夫人
従二品	嘉善大夫	−	貞夫人
正三品	通政大夫	折衝将軍	淑夫人
従三品	中直大夫	保功将軍	淑夫人

ら生まれた子女と、賤民出身の正室から生まれた子女は、両班にはなれない。

両班の称号は、高麗王朝中期から使用されたといわれる。

封建社会の身分制度を維持するため、一六歳以上の男子はすべて「号牌」と称する身分証を所持するよう義務づけられ、次のように区分されていた。

①牙牌　・・・・・　三品以上の高位官職者。
　　　　　　　　　象牙のような高価な材質。
②角牌　・・・・・　三品以下九品まで。
　　　　　　　　　牛の角で作った牌
③黄楊木牌　・・・　吏属・衙典・良民。
　　　　　　　　　黄楊木の良質木材の牌
④小方木牌　　　　妓女・巫女（みこ）。
　大方木牌　　　　賤民・奴婢・白丁。

朝鮮王朝時代の、封爵・品階・官職・科挙・両班等の身分制度は、当時の法典「経国大典」によって定められていた。

第三代王太宗の特令によって最初の法典として制定された「経済六典」が、一三九四年に頒布施行された。

六典とは、戸典（戸籍・租税・土地等の法規）吏典（文官の諸制度・官職制度の法規）礼典（儀礼・外交・科挙制度の法規）兵典（軍事・武官・警察に関する法規）刑典（刑罰・奴婢に関する法規）工典（土木・建築・手工業・商業に関する法規）である。

経済六典は、数回に亘り改正増補され、第九代王成宗の時、一四八五年に萬世不変の法典と称せられる「経国大典」として完成し頒布した。

それ以後「大典続録」「続大典」が追加補充され、国の統治は従来の伝統と儒教の教理のほかに、統治の根幹となる法典に基づき、公正が期せられ王の専政とならぬようになっていた。

第3章　大韓帝国と朝鮮総督府時代（近代）の官僚、位階、勲章制度

第1節　大韓帝国時代の身分・位階・官職と勲章制度

1．韓国社会の近代化と身分制度の変遷

一八九四～五年の日清戦争における日本の勝利によって、それまで数百年続いていた朝鮮王朝の宗主国であった清国の勢力が急速に弱まり、戦勝国であった日本の影響が強くなっていった。日本は、一八六八年の明治維新で、王政復古と天皇制による立憲政治、開港と文明開化が急速に進み、西欧文明と資本主義経済・法治制度が、広範囲に取り入れられ、義務教育と徴兵制による富国強兵策で強大な近代国家となった。

朝鮮王朝は、数百年に及ぶ宗主国清帝国の支配から離脱し、近代化と自主独立国家であることを内外に宣明するために、一八九五年、国号を大韓帝国に、国王を皇帝に、年号を開国五〇六年から光武元年に改めた。

また議政府を内閣に改編し、政府首班は、従来の正一品の領議政・左議政・右議政を一体化して参政大臣に、まもなく総理大臣に改称すると同時に、正二品の六曹判書を各行政部担当の大臣に変えた。

一八九五年七月には、第一次金弘集内閣、一一月には第二次金弘集内閣が成立して、広範囲に近代化を進めようとした。

また軍国機務処（初代総裁金弘集）と承政院を統合して中枢院（内閣の諮問機関）を開設した。

陰暦を西欧・日本と同じく陽暦に改め、封建的身分制度も庶政刷新により変革を余儀なくされ、賤民も姓を持ち、万民が戸籍を持つように近代化が進められた。

世界最大の陸軍国で広大な領土を持つ強国ロシア帝国は、清国の遼東半島を租借して旅順を太平洋最大の軍港・陸軍の要塞化都市とし、南満洲の鉄道敷設と管理権・沿線開発・警備の軍隊駐屯等、満洲・朝鮮の経済的・軍事的・政治的支配権を強めていった。

一八九〇年代になって、ロシア帝国は、大韓帝国に強い支配力を持つようになり、日本の勢力が韓国の皇后閔妃を暗殺した直後に、高宗皇帝はロシア公使館で一時政務をとった。

韓国をめぐってロシアと日本の敵対的関係が、やがて一九〇四～五年に、日露戦争となり、日本は強大国ロシア帝国に国運を賭して苦戦の末、陸軍は旅順・奉天の大会戦で勝利し、日本海海戦で、ロシアのバルチック艦隊を全滅する大勝利を得て、ロシア帝国の勢力は、朝鮮・満洲から退去せざるを得なかった。

日清、日露戦争に勝利した日本は、韓国に対する支配力を一層強め、一九〇五年に第二次日韓協約を締結して、韓国の首都に統監府と韓国駐劄軍司令部を設置した。

近代化された日本の政治・経済・社会制度が導入されるに従って、韓国では旧来の封建的身分制度や政治・社会制度が急速に変化せざるを得なかった。

韓国の近代化は、日清・日露戦争による清国とロシア帝国の古い支配勢力の後退と、明治維新後急速に西欧文明を受け入れ発展した日本の近代化された勢力によって急速に進められた。

2. 位階勲等および勲章制度

封建国家朝鮮王朝は、一九世紀末に、大韓帝国となり、近代化へと進むに当たり、近隣の強大な日本帝国の近代的制度を取り入れるようになった。

大韓帝国は、従来の品階のほかに、勲等および勲章制度を導入し、国家への忠誠と功労を顕彰するようになった。

一九〇〇（光武四）年四月一日、高宗皇帝は勅令第七三号「勲章條令」を制定公布した。

これが、韓国歴史上最初の勲章制度であり、條令では、七種類の勲章を制定、一九一〇年まで一〇年間にわたり、王族・貴族・高位官職者に授与された。

一九〇五年一二月一日、高宗皇帝は、乙己保護条約に抗議して自刃した侍従武官長閔泳煥副将（中将）に対し「大勲位金尺大勲章」を授与した。

一二月一四日には、前参政大臣の趙秉世特進官（正一品）が、保護条約の締結に抗議して服毒自殺したのに対し「大勲位金尺大勲章」を授与した。

また韓国皇帝は、日本海大海戦で大勝した日本海軍の連合艦隊司令長官東郷平八郎大将に「金尺大勲章」を授与した。

３．官職制度

大韓帝国は、一九〇七（光武一一）年に、大韓帝国官制を制定し、勅令で公布した。官吏は、日本の官等に準じて、勅任官・奏任官（以上高等官）と判任官の三段階とした。当時の官職制度にある官僚と補職名は、次の通りである。

①　文官

「勅任官」（一～四等）

総理大臣（参政大臣）　一等

大臣　二等

協辦（次官）書記官長　三等

局長・公使・判検事・道知事　四等

「奏任官」（一～六等）

参事・局長・参事官・財務官・総領事・教授・判事・検事・技師・技官・警務官・郡守

「判任官」（一〜八等）
主事・書記・教官・正員・技手
「俸給額」
勅任官　　二、〇〇〇〜五、〇〇〇円
奏任官　　六〇〇〜一、六〇〇円
判任官　　一二〇〜五〇〇円

② 武官
「将軍」（正将・副将・参将）
総監・司令官・武官長・参謀長・局長
「領官」（正領・副領・参領）
副局長・副官・参議官・課長・連隊長・大隊長・軍医
「尉官」（正尉・副尉・参尉）
局員・副官・参謀官・旗官・軍医・中隊長・小隊長
「下士官」（正校・副校・参校）
書記・助教・分隊長

大韓帝国時期の勅任官・奏任官は、当時のエリート階級・上流社会の高官であり、日韓合併後には、貴族または高位官職に就いた。

朝鮮王朝建国以来およそ五百年間続いた高位の文武官登用の関門であった科挙制度は、近代化へは適合せず、一八九四年に歴史的使命を終えて廃止となった。

軍隊も近代化へと移行すべく、一八九五年日本公使館武官、楠瀬幸彦中佐を教官として、西欧式近代的軍隊を訓育すべく訓練隊を編成し、次の年にはロシア帝国公使館武官プチャチ大佐を教官に任命、一八九七年には将校養成の韓国武官学校を開設したが、一九〇七年軍隊解放の前に閉校となり、武官生徒は日本の陸軍士官学校へ留学となった。

日韓合併前、日本陸軍士官学校への留学生に第一一期二一人、第一五期（一九〇二）八人で、一五期の柳東悦正領は、合併後韓国上海臨時亡命政府軍務総長を歴任、一九四五年韓国に帰国して、韓国政府建国前の過渡政府（一九四七年）統衛部長（国防部長官）に、就任したが、一九五〇年韓国動乱の時、北朝鮮に連行されその地でむなしく世を去った。

第２節　朝鮮総督府時代の身分制度および位階・勲等・官職制度

１、朝鮮王族

一九一〇年八月二二日調印された「韓日合併条約」（全文八条）の第三条に「韓国皇帝陛下、

太皇帝陛下、皇太子殿下並びにその后妃及び後裔をして各々その地位に応じ、相当なる尊称・威厳及び名誉を享有せしめ、且つ之を保持するに十分な歳費を供給すべきことを約す」とある。

合併条約の公布と同時に、日本の明治天皇の詔勅により「大韓帝国第二七代王　純宗皇帝の直系家族を朝鮮王公族とし、日本の皇族に準ずる待遇」を定めて、その制度は一九四五年まで続いた。

朝鮮王公族の処遇及び経歴は次の通り。

(1)　李太王（第二六代王　高宗皇帝）

朝鮮王朝第二六代王高宗皇帝（一八五二〜一九一九）は、興宣大院君（李昰應　ハオン号石坡　一八二〇〜九八）の二男で、一八六三年から一九〇七年まで四三年間、激変多難の時代に王位にあり、一八九五年一〇月王后閔妃（一八五一〜九五）は、日清戦争直後に、日本公使三浦梧郎（中将・子爵）が指示した凶徒により殺害される悲運にあった。

日本の強要により一九〇七年、皇太子（純宗皇帝）に王位を譲って李太王となり、一九一〇年以後は、朝鮮王族李太王殿下と称された。

(2)　純宗皇帝（第二七代王・隆熙皇帝）

高宗皇帝と皇后閔妃との長男で、第二七代王位を継いだ純宗・隆熙皇帝（一八七四〜一九二六）は、在位三年で、日韓合併となった。

合併後、李王殿下と尊称され、高宗皇帝の卒後、李太王と称せられた。

(3)

王太子英親王、李王垠（ギン）殿下
皇后閔妃の死後、次の継妃、厳貴妃と高宗との間に生まれた英親王（一八九七～一九七〇）は、高宗の六男で、純宗皇帝の異母弟にあたるが、純宗皇帝に世子が生まれなかったので、一九〇七年、英親王が皇太子（第二八代王位継承者）に冊封された。
合併後、朝鮮王族王太子殿下と尊称されたが、一九二六年に純宗卒後、李王垠（ギン）殿下と尊称された。

日本の皇族男子は、皆陸海軍の将校となり、一生、天皇と国家を保衛する任に就く伝統と慣習に従い、朝鮮王公族の男子も三人とも日本陸軍の将校となり、終身軍務に服した。

李王垠殿下は、学習院・陸軍士官学校・陸軍大学校へと進学し、中隊長・大隊長を経て、一九三五年、歩兵第五九連隊長（宇都宮）、陸軍士官学校教授部長、陸軍少将に昇進して、北支方面軍参謀、近衛歩兵第二旅団長、中将に昇進して師団長（大阪、宇都宮）、第一航空軍司令官、軍事参議官で、終戦を迎えた。

李王垠殿下はその間、一九二〇年皇族梨本宮守正王第一女子方子女王（勲一等）と結婚、長男晋は二歳で死亡、二男李玖（一九三一～　）は、学習院から一九六〇年アメリカの大学に留学、今はソウルに在住する。

英親王李王垠殿下は、一九四七年に王公族の身分を離れ、一九六三年朴正熙大統領の時代に、やっと韓国国籍取得と韓国帰国が実現し、病院生活を続けたが、一九七〇年に死去、国葬となり、墓は京畿道九里市「金谷陵英園」に、その後死去した方子妃と合葬された。

「李王垠殿下の身分の変遷」

一八九八～一九〇六　朝鮮王朝高宗皇帝六男王子垠

一九〇六～一九一〇　大韓帝国皇太子・英親王

一九一〇～一九四五　日本帝国朝鮮王族李王垠殿下・日本陸軍将校・大勲位菊花章

一九四五～一九六〇　日本敗戦により、臣籍・無国籍

一九六〇～一九六三　日本国籍・長男李玖米国留学査証取得のため国籍必要

（日本官報二〇三号告示）

一九六三～一九七〇　大韓民国国籍（朴正熙大統領特別配慮）

死亡・国葬・墓は李王家代々の墓園

李王妃方子殿下は、一九六三年韓国国籍を取得、英親王と共に韓国に永住するようになり、昌

徳宮内の楽善斎に居を定め、英親王の遺業である社会福祉、慈善事業「慈行会」と「明暉園」の奉仕活動に心血を注ぎ一生を終えた。

(4) 義親王、李堈（リコウ）殿下

第二六代王高宗皇帝の第五男子で、張貴人を母とし、純宗、英親王とは異母兄弟である。一五歳で義和君に封ぜられた李堈王（一八七七〜一九五五）は、アメリカ留学後一九〇〇年に義親王に封ぜられ、一九〇五年には大韓帝国赤十字社総裁となった。

一九一〇年朝鮮公族となり、日本の大勲位菊花章を受勲され、金修徳公妃は勲一等宝冠章を受勲した。

「李朝滅亡」（片野次雄著）によると「義親王の美男子ぶりは有名である。肌はあくまで色白く、容姿は秀麗で気品を含んでいた。一九一五年朝鮮総督府が主催する朝鮮物産博覧会が京城で開かれ、日本人・朝鮮人・外国人使節等数千人が参列し、義親王の美男子ぶりが全世界に知れ渡った。」と書かれている。

李堈殿下は、合併後も独立運動の志士と交流を続け、日本への渡航を拒み、ソウルで終戦を迎え、韓国動乱の時もソウルの私邸で困窮生活を送り、一九五五年七八歳で死去した。

金修徳妃は、長身美貌の堂々たる体格、賢明で活動的であり、書芸・乗馬を好み、多能な才女として知られ、夫君の活動を支え、一八人の家族を養ったので広く尊敬されたといわれ

る。

長男李鍵公殿下、二男李公殿下を養育し、八二歳の長寿を保って一九六七年死去した。

(5)　公族　李鍵公殿下

一九〇九年、漢城府大寺洞で、義親王李堈殿下の長男として生まれた王族で、一九一〇年日本の公族の身分となった。

東京の皇族、華族の学校である学習院で学び、陸軍士官学校（四二期）、陸軍大学校を終え、陸軍騎兵将校として勤務し、大勲位・陸軍中佐・陸軍大学校教官で終戦を迎えた。

公妃は、日本の松平胖第一女子で、伯爵広橋眞光の養女誠子（ヨシコ）で、長男李沖（リチュウ）（一九三二～　）二男李沂（リキ）（一九三五～　）長女李沃子（ハルコ）（一九三八～　）を生んだ。

李鍵公殿下は、終戦後無国籍となり、一九五五年日本国籍を取得（官報一九五五号・三　法務省告示一六五号）桃山虔一、子女は桃山忠久、欣也、明子となり、夫人とは離婚、埼玉県秩父郡に在住、一九九〇年代後半に死去した。

(6)　公族　李鍝公（リグコウ）殿下

義親王と金修徳の二男、李鍝公殿下（一九一一～一九四五）は、合併直後、京城府鐘路区で生まれた。

東京で、学習院、陸軍士官学校（四五期）陸軍大学校を卒業、勲一等旭日桐花大綬章を受け、砲兵将校として勤務した。

陸軍大学校研究部主事、砲兵大隊長を経て、支那派遣軍満蒙駐留軍参謀職に転補され、陸軍砲兵中佐に進級した。

李鍝公は日本女性との結婚を避けるために、学習院・陸士在学中、休暇時には必ず京城に帰り、親戚友人と交遊し、韓国女性との恋愛を急ぎ、既成事実を作って政略結婚から逃れるよう努めたといわれる。

朴泳孝侯爵（李王朝二五代王哲宗の婿）の孫女、朴賛珠（勲二等）と一九三五年に結婚し、長男李清（一九三六～　）二男李淙（一九四〇～　）を生んだ。

太平洋戦争の末期に本土決戦に対処して東京に第一総軍司令部、広島に第二総軍司令部（司令官畑俊六元帥、大阪の第一五方面軍・北九州の第一六方面軍を統括）が一九四五年三月三一日編成された。李鍝公殿下は四月上旬に第二総軍の教育参謀として満蒙の戦地から単身赴任、当時家族はソウルに在住していた。

八月六日広島に原爆が投下され、乗馬で出勤途中被爆し、海軍病院に入院、七日に死亡、戦死として陸軍大佐に進級した。

遺体は七日夜、総軍の白石警備参謀がお供して、軍用機でソウルの賛珠公妃のいる本邸に移送し、八月一五日午後一時、朝鮮軍司令部で陸軍葬として行われ、墓は李王朝の墓園に埋葬された。

李鍝公殿下の専従武官吉成弘中佐は、責任を負って自決した。

賛珠公妃は、ソウルで社会福祉・教育事業等奉仕活動に献身し、李鍝公殿下の陸士・陸大の同期会、吉成弘中佐の命日等にも出席し、夫君の同期戦友との交友を続けたという。

(7) 徳恵翁主（オンジュ）

高宗皇帝が、晩年五九歳の時、梁貴人との間に最後の子第四女子徳恵翁主（一九一一〜一九八九）を生んだ。

王の正室の王妃が生んだ女は公主（コンジュ）、王妃以外の側室（貴妃・貴人・尚宮等）から生まれた女は翁主と称した。

徳恵翁主は八歳の時父高宗が死去し、京城の日本人学校日出小学校から東京の女子学習院で学んだ。一九三五年対馬藩主の子孫で伯爵の宗武志と結婚、一女（宗正恵）を生んだ。

まもなく精神に異常をきたし、東京の病院に入院、宗家とは離婚、梁徳恵と改名され、一九六二年朴正熙大統領時代に韓国へ帰り、ソウル大学病院に入院、その後景福宮楽善斎で生活し、七八歳の一生を終えた。

朝鮮王朝末期系譜図

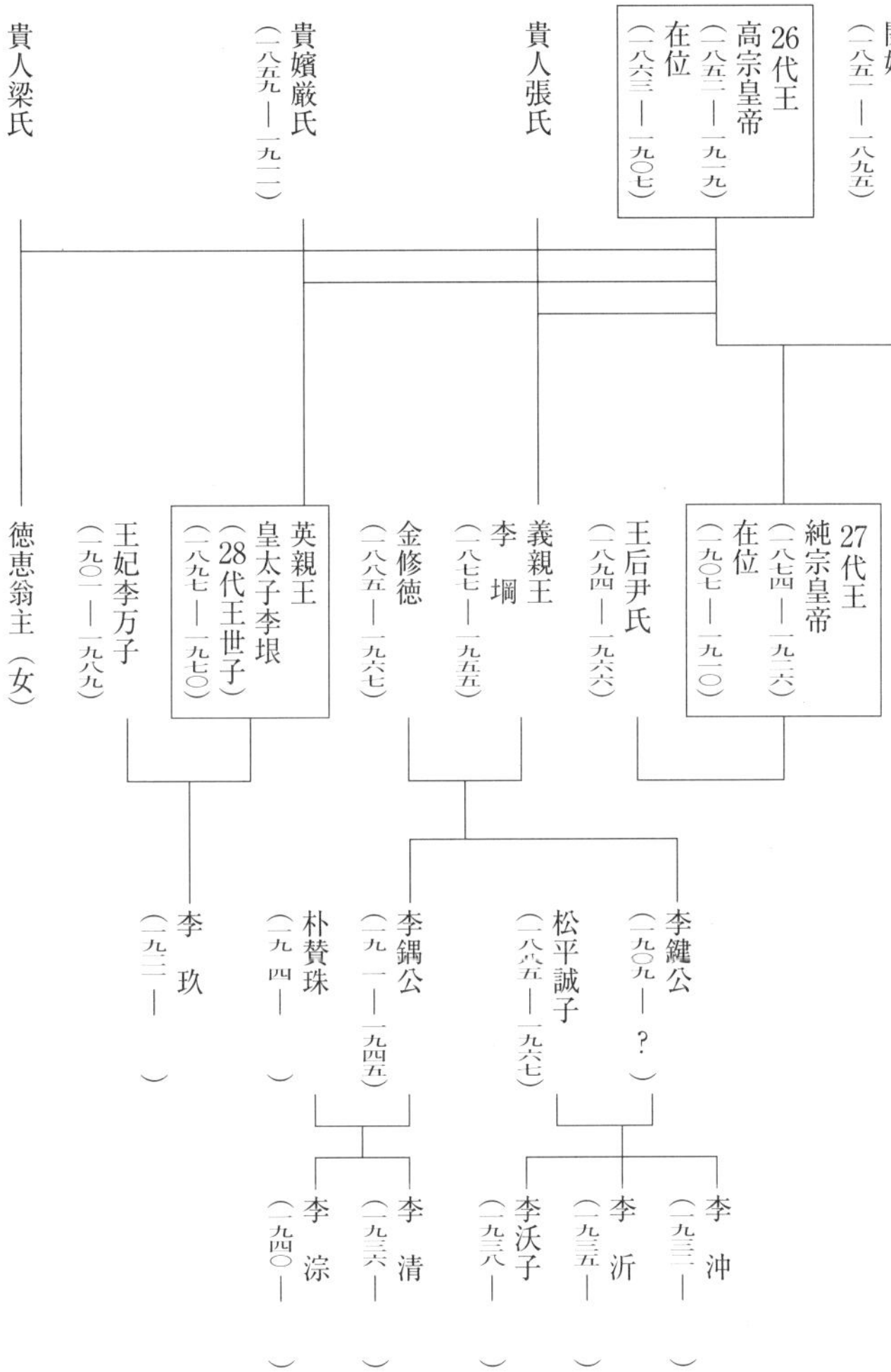
明成皇后閔妃（一八五一—一八九五）
26代王 高宗皇帝（一八五二—一九一九） 在位（一八六三—一九〇七）
貴人張氏
貴嬪厳氏（一八五九—一九一一）
貴人梁氏
27代王 純宗皇帝（一八七四—一九二六） 在位（一九〇七—一九一〇）
王后尹氏（一八九四—一九六六）
義親王 李　堈（一八七七—一九五五）
金修徳（一八八五—一九六七）
英親王 皇太子李垠（28代王世子）（一八九七—一九七〇）
王妃李万子（一九〇一—一九八九）
徳恵翁主（女）
李鍵公（一九〇九—？）
松平誠子（一八六五—一九六七）
李鍝公（一九一一—一九四五）
朴賛珠（一九一四—　）
李　玖（一九三一—　）
李　沖（一九三二—　）
李　沂（一九三五—　）
李沃子（一九三八—　）
李　清（一九三六—　）
李　淙（一九四〇—　）

四七五年続いた高麗王朝が亡び、一三九二年李氏朝鮮王朝が成立したとき、高麗王朝王氏一族は迫害され死滅または他姓（玉氏・全氏等）に変えて山間僻地で隠れて住み歴史から消え去ったという。

五一八年間続いた朝鮮王朝が成立してから六百年経過し、李王朝の子孫としては、いま韓国に、英親王李王垠の二男李玖と、李鍝公の長男李清・二男李淙の三人が生存しているようである。

高麗末期から李朝初期のころの大儒学者、吉再（キルヂェ）（一三五三〜一四一九）は、高麗末期科挙大科に及第して高位要職を務め、晩年には慶北善山に星谷書院を開設して子女の教育に献身した。王孫の行末のはかなさと無常を吟じた、彼の時調（朝鮮の伝統的定形詩）を紹介する。

五百年ゆかりの都（松都・高麗朝の王都開城）
　　馬にてもとりみれば
山川自然は変らねど
　　往年の王族英傑は姿無く
あわれ　太平を歌いし
　　栄華は夢かと思われる

2．日政下の「朝鮮貴族」

日本帝国は、一九一〇年八月二九日、日韓合併と同時に、勅令で「朝鮮貴族令」を公布した。日韓合併条約の第四条に「前条以外の韓国王族および其の後裔に対し、相当の名誉および待遇を享有せしめ」に基づき、王族および大韓帝国の高位官職者と元老に対して官爵を授与した。日本は明治維新後、明治天皇の新政府は、旧朝廷の公卿・五摂家はもちろんのこと、徳川幕府の元老重臣・各地の藩主および維新に貢献した士族にも栄爵を与え、維新政府に協力させた前例があった。

王公族以外の旧朝鮮王朝の王族はすべて王族の身分を離れたので、これら王族および大韓帝国の高位官職者に対し、日本の華族に準じて、侯爵・伯爵・子爵・男爵の爵位を授与した。（公爵はなかった）

日本の華族は、公爵、侯爵の成年者と、伯爵以下で互選された者は、貴族院議員になり国政に参与したが、朝鮮貴族は華族の下に位し、そのような特典は与えられず、形式上の栄爵に過ぎなかった。ただ昭和二〇年三月二三日の法改正で朝鮮、台湾から十人の勅選議員が任命され、うち二人は朝鮮貴族だった。（第一部六七ページ参照）

一九一〇年一〇月七日、日本政府の官報に掲載された朝鮮貴族の数は次の通りである。

侯爵　六人　（王族四、王の姻戚二）
伯爵　三人　（王族一、王の姻戚一、総理大臣）

子爵　二二人　（王族・大臣・高位官職者）
男爵　四五人　（王族・高位官職者・堂上官）

勅令で公布された貴族七六人のうち、李氏（王族家系）が二五人を占め、七人が爵位を辞退したので、六九人が栄爵に就いた。

総督時代の三五年間に、爵位を返還または剥奪された者が一〇人で、一九四五年当時五九人が、朝鮮貴族の身分を維持した。

内訳は、侯爵六、伯爵三、子爵一七、男爵三三である。

爵位剥奪の例、尹致昊男爵は、父尹雄烈が開化党の幹部で合併時には、警務使（警察長官）であったが、一九一二年父死亡により男爵を継承したけれども、一九一三年朝鮮総督暗殺謀議事件関連者として爵位を剥奪された。

3．位階・勲等・勲章制度

一九一〇年八月二九日、日韓合併により、漢陽を京城と改め、朝鮮総督府（統監府を改編）と朝鮮軍司令部を設置し、官制・官職・位階・勲章制度は日本帝国のそれを適用したが、一部修正実施する事項については、勅令・制令・総督府令として公布した。

朝鮮王朝五百年間続いた正一品から従九品までの品階制度は、日本帝国の従一位から従八位まで（正一位は生前には与えない）の位階制度に移行した。

朝鮮王公族には、日本の皇族と同様、位階の適用はなく、朝鮮貴族および高位官職者に対しては、日本の位階を叙位した。

日本の勲位制度（大勲位・勲一等から勲八等）は、そのまま適用され、朝鮮王公族・朝鮮貴族および高位官職者に対して、相応の勲位と勲章が授与された。

王公族である李王垠殿下、李堈殿下、李鍵公殿下に対しては、日本の皇室に準じ、大勲位菊花大綬章、李鍝公殿下には勲一等旭日桐花大綬章が叙勲され、王公族妃には勲一等宝冠章または勲二等宝冠章が叙勲された。

合併直後、旧王族と朝鮮貴族に対する勲位勲章の叙勲者の例をあげると次の通り。

(1)　李載完（一八五五〜一九二〇）

侯爵・勲一等

第二六代王高宗皇帝の従弟、一八七五年科挙の大科に合格、吏曹参判（次官）開化党内閣の兵曹判書（国防大臣）陸軍副将、大韓帝国の内務大臣、完順君に封ぜられた。

(2)　朴泳孝（一八六一〜一九三九）

侯爵・正二位・勲一等・親任官待遇・中枢院副議長・顧問

第二五代王哲宗の娘婿、永恵翁主の夫君で附馬または附馬都尉と尊称され、李鍝公殿下妃朴賛珠の祖父である。

王族の姻戚でありながら李朝末期、開化党中心人物の一人で、金玉均の盟友、彼と一八八四年甲申改革を指導して失敗後日本に亡命、一八九五年甲午改革後全弘集内閣の文部大臣、その後日本に再亡命、一九一〇年合併後に侯爵・中枢院副議長となった。

(3) 李址鎔（一八七〇～一九三〇）

伯爵・正二位・勲一等

高宗皇帝の従兄の長男。一八九〇年科挙大科に荘元及第（首席合格）。慶尚道監司（道知事）大韓帝国駐日公使、内部大臣、合併後は中枢院顧問（親任官待遇）であった。


朝鮮貴族のうち、二四人が勲一等、残りの者は勲二等の勲章を与えられた。

朝鮮人に対する叙位叙勲は、朝鮮総督が上奏して勅許により授与され、中下位の勲位は地方長官の推薦により総督が授与した。

以上示された通り、王族や大韓帝国の大臣、高位官職者、貴族階級に対し、総督統治に協力させるため、地位・名誉と俸禄を与え、優遇策をとり、三五年の総督時代の官公吏・社会団体の指導的地位の人士に対して、勲位と名誉職、勲章を授与した。

一九四八年大韓民国樹立後に制定された「反民法」（親日派処罰法令）の五條に「勲五等以上

の勲章を受けた者、高等官三等以上の高位官職者」を親日派として罰則を科したり、公職任用を排除したが、韓国動乱に際しその大部分は解除され、共産勢力の侵略に対抗する韓国の防衛と挙国一致体制にすべて総動員された。

4．高位官職制度

総督政治が始まった一九一〇年から朝鮮全域、中央と地方に、近代的官制と行政組織が法律によって改編され、日本に準ずる官僚制度がスタートした。

日本の明治政府が、維新後四〇年にわたり築き上げた近代国家の官僚制度、教育制度、行政制度が整備修正されて、総督政治に適用施行された。

官公吏の養成と任用、官職の等級・権限・秩序が総督府の法令によって定められ、近代的制度として定着して行った。

五百年間続いた両班・封建的身分制度は崩壊し、高等官（親任官・勅任官・奏任官）・判任官の官職制度が施行された。

科挙と儒教教育体制が漸次消滅し、教育制度も一九一一年朝鮮教育令の公布施行により、近代的学校制度として初等教育・中等教育・高等専門教育制度が確立した。

日本の高等文官試験（一八八七・明治二〇年）普通文官試験および学歴により、上級官吏・中級官吏が任用された。

大学・専門学校等の高等教育を終えて高等文官試験に合格すれば、やがて奏任官に任用され、漸次勅任官へと昇進した。

高文試験を経ない大学・専門学校卒業者等高学歴者は判任官の中級に任用され、やがて奏任官へと昇進し、地方庁官職の指導的地位に就いた。

中等学校卒業者・普通文官合格者は、判任官の下位職に任用され、判任官の上位に進級し、中・下位の官僚・実務専従官公吏となって官僚制度の基礎を支えた。

総督政治の時、朝鮮人に対しては、徴兵の義務、義務教育制度からは除外されていたので、武官への任用は、極く一部に限られ、中日戦争、太平洋戦争へと進むにつれて、当時の国策に応じて兵役・武官へ道が開かれ、徴兵義務も強要された。

陸軍の幹部養成機関である陸軍士官学校への入学は、大韓帝国時代に官費留学制度があり、合併後もその慣行が継承され、毎年数人の朝鮮人学生が、陸軍士官学校へ受験合格した者が入学し、卒業後は見習士官を経て陸軍少尉に任官、正八位（年月を経れば）勲六等の位階勲等が与えられ、奏任官の武官となった。

一九四五年朝鮮出身の将校で陸軍大佐（正五位勲三等・高等官三等）の階級にあった者は一〇人近く、陸軍大学校を経て、将官に進級した者は二人（中将李王垠殿下・洪思翊（イク）中将）であった。

日本の陸軍士官学校を卒業し、将校に任官した期別の人数は、表3―1の通り。

以上のほか、満洲軍官学校を卒業、または日本陸士本科に留学して満洲国軍将校に任官した者

表3―1　期別　陸軍士官学校卒業者数

陸士期数	年度	任官数	1945年 階級	備考
		人		
25期前	−	30		
26期	1914	11	中将1	洪思翊
			大佐4	李應俊・申泰英
27期	1915	20	大佐2	金錫源・白洪錫
29期	1917	2	中将1	李王垠
			大佐1	
30期	1918	1	大佐1	
42期	1930	2	中佐	李鍵公
45期	1933	2	中佐	李鍝公
49期	1937	2	中佐	李鍾贊
			少佐	蔡秉徳
50期	1938	2	少佐	李竜文
52期	1939	2	少佐	崔鳴夏
53期	1940	3	少佐	申應均
54期	1940	3	大尉	金貞烈
55期	1941	3	大尉	劉載興（丁一権）
56期	1942	4	大尉	李享根（李周一・崔昌彦）
57期	1944	3	中尉	（朴正煕・李翰林）
58期	1945・6	6	少尉	申尚徹・朴元錫
59期	1945・8	3	見習士官	張昌国
60・61	在学中	15	士官候補生	張志良・呉一均

も二〇人がいた。

武官の等級は、少尉から大佐までの尉官・佐官が奏任官、少将・中将が勅任官、大将が親任官である。

準士官・下士官は判任官である。

朝鮮人が日本陸軍将校（高等官）へ任用されるには次の道があった。

(1)　陸軍士官学校入学

旧制五年制中学校修了時受験、官費、予科士官学校・隊附勤務士官候補生・陸士本科・見習士官（約

四年）・少尉任官

(2) 学徒兵・甲種幹部候補生

太平洋戦争が激烈な一九四三年一〇月、日本政府は、大学専門学校に対し「在学生徴集延期特例廃止」を決定して学徒兵として徴集、短期教育で初級将校として前線へ送った。これに続いて「朝鮮人学徒特別志願兵令」を公布し、一九四四年一月、四、三八五人が現役兵として日本陸軍に入隊し、約四八〇人が甲種幹部候補生（資格者の一一%、日本人学徒の場合は八六%）になり、陸軍予備士官学校等で短期教育を経て見習士官となり、一九四五年六、七月頃少尉に任官した。

(3) 陸軍特別志願兵・徴兵で入営後、甲種幹部候補生

陸軍特別志願兵制度が、一九三八年に施行され、一万七千人が入隊した。

また朝鮮にも一九四四年から徴兵令が施行され、一九二三年一二月一日から一九二五年一一月末までに出生した者は、一九四四年と一九四五年に徴兵検査を受け、甲種・乙種合格者は現役兵として、三三万八千人が入隊した。

これら現役兵入隊者のうち、五年制甲種中等学校以上の学校を卒業し、現役配属将校の軍事教練を五年間以上受け（毎週二時間）卒業時に「教練検定合格証」を有する者は、入隊後初年兵基礎訓練の後、幹部候補生として採用され、一期教育を経て、甲種幹部候補生試験に合格した者は、予備士官学校または各兵科別の学校の幹部候補生教育隊でおよそ一年間の将校

教育終了後、短期間の見習士官を経て少尉に任官した。

乙種幹部候補生は、下士官に任官した。

一九四五年までに日本陸軍の将校（奏任官）に任官した総数は、およそ六百余人と推定され、その大部分は韓国政府建国の前後、国軍の幹部となった。

彼等は、韓国陸軍士官学校第一、二、五期生あるいは第七、八期の特別班で短期間教育の後、将校に任官し、六・二五韓国動乱時には、大隊長・連隊長・師団長・高級司令部参謀として祖国防衛の第一線で身命を賭して献身奮闘した。

一九五〇年六月二五日に奇襲南侵した北の朝鮮人民軍の主要指揮官・参謀等の大部分の高級将校は、旧ソ連赤軍の将校出身が数百人、また中国人民解放軍出身の朝鮮人軍官数百人が大隊長・連隊長・師団長・高級参謀・高級将校として二〇万の大軍、一二ヶ師団を動員、指揮し、一時韓国国土の九〇％を占領した。当時ソ連・中国等共産国家で養成、実戦経験を有する多くの人民軍将校に対抗して、韓国の防衛戦を指揮した高級将校の大部分は、日本陸軍の将校出身、中・下級将校は韓国陸士出身であった。

第4章　大韓民国（現代）の文武官僚制度

第1節　韓国政府、文官の官職および俸給制度

1．一般行政職の官職制度

一九四五年まで続いた、立憲君主制、朝鮮総督植民地統治体制下の官僚制度が消滅し、三年間の過渡的米軍政を経て、一九四八年八月一五日、史上最初の民主主義共和制による独立国家大韓民国が成立した。

三権分立による主権在民の新生国家は、韓国臨時政府の法統を受け継ぎ、アジアでは最も進んでいた日本帝国の官僚制度が排撃されながらも、その遺産と、そのうえに最も民主的合理的なアメリカ合衆国の行政・官僚制度が三年間の軍政期間中、広く導入され、混合併用される中で、新生国家建設にあらゆる知識と愛国的情熱を注ぐ韓国の新しい官僚体制が芽生えた。

首都ソウルに二千万国民の歓呼のうちに建国された大韓民国は、行政的・経済的基盤が弱く、社会の治安や秩序も不安定で、国防能力も強くなかった。

国土は分断され、北には一千万同胞とソ連式社会主義独裁政権が存在し、それが長い間民族の

禍根となった。

建国二年にして、三年間に及ぶ韓国動乱と戦後の復興、貧困の数年が過ぎて、一九六〇年代前後にかけて、韓国の官僚制度が形成確立された。

民主主義国家の官僚は、君主制や、労働者階級の独裁国家の特権的官吏とは異なり、国民の公僕としての公務員、複雑多様で近代的行政を効率的に運用する有能な官僚が要求され、高度の知識・技能が必要であった。

官僚・国家公務員は、国民全体への奉仕者であり、国民に対して公的責任を負い、国家に対する忠誠心と、公正、寛容が要求される重要な職務である。

韓国政府は、有能な高級官僚を公正に採用し、育成するために、一九四九年に、「公務員高等考試制度」「普通考試試験」をスタートさせ、公務員研修制度を施行した。

この制度は、国家公務員法（一九四八年）と政府組織法（一九五〇年）公務員任用令（一九六一年）によって確立され、公開的競争試験制度となって今日に至っている。

朝鮮王朝時代の科挙制度、日政総督時代の高等文官試験・普通文官試験制度を経て、近代国家の法治体制に適応する公務員考試制度へと発展したものと考えられる。

今日、韓国の公務員は、高級管理職（一～三級）上級職（四～五級）中級職（六～七級）単純事務・労務職（八～九級）に区分され、すべての公務員は一級から九級まで区分されている。

韓国の高級公務員（一～三級）は、国家公務員七、五一六人、地方公務員一、七一一人、合計

九、二三七人である。

一般公務員の上に、政治的に選任される特定職公務員である国務総理、長官、処長、次官、庁長等の最高位の公務員がある。

特定職と一～二級高級公務員は、旧時代の堂上官や親任官・勅任官に相当する。

大韓民国公務員法と行政自治部の人事規定に依ると、級別初任の学歴区分および昇進最低勤務年数は、次の通りである。

「学歴別初任級」

九級職　・・・　高等学校卒業者
八級職　・・・　専門大学（二年制短期大学）
七級職　・・・　四年制大学卒
五級職　・・・　高等考試合格者

「昇進の為の最低在職年数」

七級職から六級職昇進　三年以上
六級職から五級職昇進　四年以上

表4―1　公務員の区分と官職名

級数	官職	補職名
一級	管理官	次官補・庁次長・室長
二級	理事官	局長級
三級	副理事官	局次長・審議官・道庁局長
四級	書記官	課長級
五級	事務官	課長代理・道庁課長
六級	主事	係長級
七級	主事補	係員・道庁係長
八級	書記・労務職	係職員
九級	書記補	係職員

五級職から四級職昇進　五年以上
四級職から三級職昇進　五年以上
三級職から二級職昇進　三年以上

実際の昇進のための同じ級職に、最低年数の二倍以上の在職年数を要し、また高等考試合格者が上級職級への昇進に平均七年かかり、非考試一般公務員は、平均一〇年近くかかるとされる。上位職になるに従って在任期間が短く、局長級の平均在職期間は、一年二ヶ月といわれる。公務員総数は、一九七〇年に、四一七、三八八人から、一九八九年には、七八一、三四六人に増加した。

2. 文官の俸給制度

「一般公務員」

一般職公務員（軍人・警察・教職員を除く）の二〇〇〇年一月施行（一九九九・一二・二一発表）の俸給額は、次の通りである。

① 一級職は、一号から二二号俸に区分され、最低の一号俸は、月俸一、一〇四千ウォン、最高の二二号俸は、月俸一、九七七千ウォンで、中間の一〇号俸は、一、五二七千ウォンである。

② 二級職は、一号から二四号に区分され、九八五千ウォンから　、八一五千ウォンで、中間

表４―２　公務員定員の変遷

年度	1960	1961	1962	1963	1964	1965	1966	1967
公務員数 （千人当）	237,476 （9.5）	237,500 （9.2）	253,186 （9.5）	271,725 （10.0）	288,234 （10.3）	305,316 （10.6）	332,688 （11.4）	359,955 （11.9）
年度	1968	1969	1970	1971	1972	1973	1974	1975
公務員数 （千人当）	381,918 （11.3）	398,918 （12.6）	417,348 （13.3）	436,686 （13.3）	438,573 （13.1）	452,054 （13.3）	466,444 （13.4）	478,562 （13.8）
年度	1976	1977	1978	1979	1980	1981	1982	1983
公務員数 （千人当）	502,702 （14.0）	519,110 （14.2）	540,658 （14.6）	541,552 （14.4）	596,431 （15.9）	665,895 （17.2）	647,851 （16.5）	650,914 （16.3）
年度	1984	1985	1986	1987	1988	1989		
公務員数 （千人当）	657,214 （16.3）	670,637 （16.6）	691,670 （16.8）	705,053 （16.9）	737,225 （17.6）	781,346 （17.0）		

※　（　）内は人口1,000人当たりの公務員数
※　資料：韓国政府「総務処年報」

の一〇号月俸は、一、三七二千ウォンである。

③　三級職は、一号から二六号に区分され、八八一千ウォンから一、六七〇千ウォンで、中間の一〇号月俸は、一、二三六千ウォンである。

④　四級職は、一号から二八号に区分され、七六八千ウォンから一、五二〇千ウォンで、中間の一〇号月俸は、一、一〇二千ウォンである。

⑤　五級職は、一号から三〇号に区分され、六七三千ウォンから一、三九三千ウォンで、中間の一〇号月俸は、九八〇千ウォンである。

⑥　六級職・七級職・八級職・九級職は、別表の通りである。

表４－３　一般職公務員俸給表（基本給）

（2000年度）　　　　　　　　　　　　　　　　　　　　（単位　ウォン）

各級 号俸	１級	２級	３級	４級	５級	６級	７級	８級	９級
1	1,104,000	985,800	881,300	768,200	673,700	550,000	488,100	433,600	380,200
2	1,147,200	1,026,900	918,300	803,000	704,100	578,700	513,500	457,600	402,600
3	1,191,700	1,068,500	956,400	838,500	725,800	608,400	540,300	483,000	426,600
4	1,237,200	1,110,900	994,900	874,900	768,800	639,100	568,700	508,800	452,000
5	1,283,800	1,153,700	1,034,100	911,800	802,700	670,600	598,000	536,000	477,800
6	1,331,200	1,196,900	1,073,800	949,100	837,400	702,900	628,200	563,700	504,100
7	1,379,400	1,240,500	1,114,000	987,000	872,700	735,400	658,700	591,800	529,400
8	1,428,200	1,284,400	1,154,500	1,025,200	908,600	768,200	689,400	618,700	553,900
9	1,477,700	1,328,500	1,195,300	1,063,500	944,600	801,100	718,700	644,600	577,500
10	1,527,500	1,372,900	1,236,300	1,102,000	980,900	832,200	746,800	669,200	600,100
11	1,577,400	1,417,500	1,277,500	1,140,700	1,015,000	861,900	773,300	692,900	621,900
12	1,627,600	1,462,300	1,318,900	1,176,300	1,047,100	890,100	798,900	715,600	942,900
13	1,678,000	1,507,300	1,357,300	1,209,600	1,077,400	916,800	823,100	737,400	663,100
14	1,728,500	1,548,200	1,393,100	1,240,800	1,105,900	942,100	846,200	758,300	682,700
15	1,772,800	1,586,000	1,426,200	1,270,200	1,132,800	966,200	868,300	778,400	701,500
16	1,812,300	1,620,700	1,457,200	1,297,800	1,158,200	989,100	889,400	797,700	719,800
17	1,847,500	1,652,700	1,486,000	1,323,600	1,182,100	1,010,800	909,500	816,000	737,500
18	1,878,900	1,682,200	1,512,800	1,347,800	1,204,700	1,031,500	928,800	833,600	754,300
19	1,907,100	1,709,300	1,537,800	1,370,500	1,226,000	1,051,100	947,000	850,500	770,600
20	1,932,700	1,734,200	1,561,100	1,391,700	1,246,000	1,069,700	964,400	866,700	786,200
21	1,956,100	1,757,100	1,582,700	1,411,700	1,264,900	1,087,400	981,100	882,200	800,900
22	1,977,400	1,778,200	1,602,900	1,430,400	1,282,800	1,104,100	996,900	897,100	815,200
23		1,797,600	1,621,600	1,448,000	1,299,600	1,119,900	1,012,100	911,300	828,800
24		1,815,300	1,639,100	1,464,500	1,315,400	1,135,100	1,026,600	925,000	841,800
25			1,655,400	1,479,800	1,330,300	1,149,500	1,040,400	938,100	854,200
26			1,670,600	1,494,300	1,344,500	1,163,100	1,053,500	950,700	865,600
27				1,507,800	1,357,700	1,176,000	1,066,200	962,700	876,500
28				1,520,600	1,370,300	1,188,300	1,078,100	974,300	887,200
29					1,382,100	1,199,800	1,089,400	985,300	897,600
30					1,393,400	1,211,000	1,100,300	995,900	907,600
31						1,221,600	1,110,800	1,006,100	917,400
32						1,231,600			

朝鮮日報　1999年12月21日

下位職になるに従って、該当公務員も多く、号俸の区分が細分化され、上位職になるに従って、号俸間の金額差が大きくなっている。

「教育公務員」

教育職は一般公務員とは別の俸給体系が適用され、定年も五年ほど遅い。

大学教員（学長、教授、副教授、助教授、専任講師、講師）は、一号俸が五六〇千ウォンで、最高の特一号俸は、月俸二、六〇五千ウォンであり、中間の一八号俸は、一、〇四九千ウォンである。

国立大学校（総合大学）総長の最高俸は、行政公務員別定職の長官、軍人の大将と同額の、三、三六五千ウォンである。

高等学校、中学校、初等学校の教員は一号の四二七千ウォンから、三五号の一、五四〇千ウォンまで区分され、中間の一八号俸は八三四千ウォンである。研究所等の研究職公務員・学者は、一号俸六七三千ウォンから、三五号俸一、九八三千ウォンで、大学教授と同じ水準である。

「警察官」

国家の治安と社会秩序を守る警察官の職務は、心身の危険負担、勤務の強度、勤務時間等が、一般職業より過重である関係上、俸給もその点が考慮されているのは、世界共通で、韓国の場合もそのような考慮が払われている。

表４―４　教育公務員俸給表

初・中・高校教員給与表

（2000年度）　　　　（単位：ウォン）

号俸	俸給額	号俸	俸給額	号俸	俸給額	号俸	俸給額
1	427,500	11	577,500	21	865,700	31	1,219,400
2	442,100	12	593,800	22	899,800	32	1,256,700
3	456,800	13	623,500	23	933,900	33	1,294,600
4	471,500	14	653,200	24	968,000	34	1,332,400
5	486,300	15	683,000	25	1,002,000	35	1,370,300
6	501,000	16	712,800	26	1,036,100	36	1,408,100
7	515,600	17	742,400	27	1,071,800	37	1,441,100
8	530,300	18	773,800	28	1,107,500	38	1,474,100
9	545,100	19	804,100	29	1,144,700	39	1,507,100
10	561,400	20	834,900	30	1,182,100	40	1,540,100

大学教授給与表

（2000年度）　　　　（単位：ウォン）

号俸	俸給額	号俸	俸給額	号俸	俸給額	号俸	俸給額
1	560,200	11	800,300	21	1,162,700	31	1,608,700
2	579,700	12	832,800	22	1,200,500	32	1,646,200
3	599,200	13	865,200	23	1,249,700	33	1,683,900
4	618,600	14	897,600	24	1,298,900		
5	638,100	15	935,500	25	1,348,100		
6	659,700	16	973,400	26	1,397,300		
7	681,300	17	1,011,300	27	1,446,500	特4	1,893,600
8	703,000	18	1,049,100	28	1,495,800	特3	1,925,900
9	735,400	19	1,087,000	29	1,533,400	特2	2,386,000
10	767,900	20	1,124,800	30	1,571,000	特1	2,605,000

朝鮮日報　1999年12月21日

行政府の行政自治部内の独立官庁として、治安本部があり、俸給は官職別に一〇級に区分されている。

治安本部長（警察長官）の治安総監は、別定職で月俸は三、〇八一千ウォンである。

① 治安本部の次長、ソウル特別市警察局長等の、治安正監（一級）は、一〜二二号、月俸は一、一〇四千ウォンから一、五二七千ウォンである。

② 治安本部の部長、道警察局長級の治安監（二級）は、一〜二四号に区分され、月俸は、九八五千ウォンから一、八一五千ウォンである。

③ 警務官（三級）は、小さい道の警察局長、本部課長職で、一〜二六号に区分され、月俸は八八一千ウォンから一、六七〇千ウォンである。

④ 総警（四級）は、人口の多い区、市の警察署長、道警察局の課長級であり、一〜二八号に区分され、月俸は、八〇七千ウォンから一、五五九千ウォンである。

⑤ 警正（五級）は、小さい区、郡の警察署長で、一〜三〇号に区分され、月俸は、七一三千ウォンから一、四三二千ウォンである。

⑥ 警監（六級）は、警察署の課長級で、一〜三二号に区分され、月俸は、六一二千ウォンから一、三〇四千ウォンである。

⑦ 警衛（七級）は、警察署の主任、大きい地区支署長級で、一〜三一号に区分され、月俸

は、五四一千ウォンから一、一九九千ウォンである。

⑧　警査（八級）は、派出所の責任者級で、一～三一号に区分され、月俸は、四八五千ウォンから一、一〇八千ウォンである。

日本の巡査部長に相当する。

⑨　警長（九級）は、一～三一号に区分され、月俸は、四五一千ウォンから一、〇二四千ウォンである。

⑩　巡警（一〇級）は最下位の警察官で、日本の巡査に相当し、月俸は一～三一号、四一五千ウォンから九五二千ウォンに区分されている。

韓国の警察官総数は、約九万人で（二〇〇一年現在）海洋警察（日本の海上保安庁は運輸省所属）、戦闘警察等すべての警察治安職務は治安本部の管轄下にあり、警察行政は一本化されている。

警察官の上級職は、高等考試の国家試験の合格者から採用され、二年余の中央官署勤務を経て、警正（日本の警視）に就任し、上位警察幹部に昇進する。

警察大学校（一九八一年設立・京畿道竜仁市）は、官費全寮制の四年制大学で、二〇〇一年の一七期まで一九四五人が卒業し、警衛に任命された。二〇〇二年には三〇対一の競争で一二〇人が合格入学し、現在警衛以上の幹部一万人の凡そ二〇％を占め、中級幹部の中核を形成してい

表４―５　警察官俸給表

（2000年度）　　　　　　　　　　　　　　　　（単位　ウォン）

階級 号俸	治安正監	治安監	警務官	総監	警正	警監	警衛	警査	警長	巡警
1	1,104,000	985,800	881,300	807,500	713,200	612,400	541,600	485,300	451,700	415,100
2	1,147,200	1,026,900	918,300	842,300	743,600	641,800	570,300	510,700	475,700	437,500
3	1,191,700	1,068,500	956,400	877,800	775,300	672,000	599,600	537,500	501,000	461,500
4	1,237,200	1,110,900	994,900	914,200	808,300	702,900	629,700	565,900	526,900	486,900
5	1,283,800	1,153,700	1,034,100	951,100	842,200	734,600	660,600	595,200	554,100	512,700
6	1,331,200	1,196,900	1,073,800	988,400	876,900	767,200	692,000	625,400	581,800	539,000
7	1,379,400	1,240,500	1,114,000	1,026,300	912,200	800,400	723,600	655,900	609,900	564,300
8	1,428,200	1,284,400	1,154,500	1,064,500	948,100	834,100	755,400	686,600	636,800	588,800
9	1,477,700	1,328,500	1,195,300	1,102,800	984,100	868,000	787,300	715,900	662,600	612,400
10	1,527,500	1,372,900	1,236,300	1,141,300	1,020,400	900,000	817,600	744,000	687,300	635,000
11	1,577,400	1,417,500	1,277,500	1,180,000	1,054,500	930,300	846,400	770,500	711,000	656,800
12	1,627,600	1,462,300	1,318,900	1,215,600	1,086,600	959,000	873,700	796,100	733,700	677,800
13	1,678,000	1,507,300	1,357,300	1,248,900	1,116,900	986,300	899,800	820,300	755,500	698,000
14	1,728,500	1,548,200	1,393,100	1,280,100	1,145,400	1,012,200	924,500	843,400	776,400	717,600
15	1,772,800	1,586,000	1,426,200	1,309,500	1,172,300	1,036,700	948,000	865,500	796,400	736,400
16	1,812,300	1,620,700	1,457,200	1,337,100	1,197,700	1,060,000	970,400	886,600	815,800	754,700
17	1,847,500	1,652,700	1,486,000	1,362,900	1,221,600	1,082,000	991,700	906,700	834,000	772,400
18	1,878,900	1,682,200	1,512,800	1,387,100	1,244,200	1,103,000	1,011,900	926,000	851,700	789,200
19	1,907,100	1,709,300	1,537,800	1,409,800	1,265,500	1,122,800	1,031,000	944,200	868,500	805,500
20	1,932,700	1,734,200	1,561,100	1,431,000	1,285,500	1,141,700	1,049,300	961,600	884,800	821,100
21	1,956,100	1,757,100	1,582,700	1,451,000	1,304,400	1,159,500	1,066,700	978,300	900,300	835,800
22	1,977,400	1,778,200	1,602,900	1,469,700	1,322,300	1,176,500	1,083,300	994,100	915,200	850,100
23		1,797,600	1,621,600	1,487,300	1,339,100	1,192,400	1,098,900	1,009,300	929,400	863,700
24		1,815,300	1,639,100	1,503,800	1,354,900	1,207,700	1,113,800	1,023,800	943,100	876,700
25			1,655,400	1,519,100	1,369,800	1,222,100	1,128,200	1,037,600	956,200	889,100
26			1,670,600	1,533,600	1,384,000	1,235,800	1,141,500	1,050,700	968,800	900,500
27				1,547,100	1,397,200	1,248,700	1,154,300	1,063,400	980,800	911,400
28				1,559,900	1,409,800	1,261,000	1,166,600	1,075,300	992,400	922,100
29					1,421,600	1,272,700	1,178,100	1,086,600	1,003,400	932,500
30					1,432,900	1,283,800	1,189,100	1,097,500	1,014,000	942,500
31						1,294,400	1,199,600	1,108,000	1,024,200	952,300
32						1,304,400				

朝鮮日報　1999年12月21日

る。

一般大学卒業生で、警察幹部候補生試験に合格したものは、警査に任命される。警正までの昇進は、試験と審査で昇進し、総警以上の幹部は、能力と勤務成績等を総合的に審査の上昇進が決定される。

職階制の警察官数は、総警以上が三七〇人、警正・警監が二、〇〇〇人、警衛が八、〇〇〇人、警査以下が八万人である。（新東亜誌二〇〇一年一月号）

大学卒公務員の行政職・警察官・軍人の俸給を比較すると、表4―6のようになる。

「別定職」

政務職で、最高位の官職である、大統領、国務総理、監査院長、長官、処長、大統領秘書室長、次長、庁長、特別市長、道知事、広域市市長等は別定職であり、選挙または大統領が国会の同意を得て任命するか、職権で任命する。

政務職で別定職の職責別年俸は次の通り。

表4―6　月俸比較
（2001年）

（単位　千ウォン）

勤務年数区分	行政職	警察官	軍人
初任給	426	461	413
10年勤務	773	770	897
20年勤務	1,430	1,469	1,559
退職停年年齢	58～60	53～58	55～58

①　大統領　一〇四、二〇六千ウォン
②　国務総理　八〇、九〇〇千ウォン
③　監査院長　六一、一九〇千ウォン
④　長官・ソウル市長等　五六、九一三千ウォン
⑤　処長級　五四、六二七千ウォン
⑥　次官・庁長・道知事・監査委員　五一、一四一千ウォン

韓国の歴代大統領の出身校別人数は、次の通り。

①　陸軍士官学校　三人
②　国立ソウル大学校　一人
③　英・米・日の大学　三人
④　其他学校　二人

韓国政府の一〇〇大要職の出身校別人数（二〇〇一年一月現在・月刊朝鮮誌）は次の通り。

①　国立ソウル大学校　四三人

②　陸軍士官学校　一一人
③　高麗大学校（私立）　一〇人
④　成均館大学校（私立）　一〇人
⑤　延世大学校（私立）　六人
⑥　漢陽大、中央大、西江大、嶺南大、慶北大、外国語大、釜山大

歴代国務総理および長官の人数の多い順の出身校は、次の通り。

①　国立ソウル大学校（旧京城帝大を含む）
②　陸軍士官学校、延世大学校、高麗大学校
③　成均館大学校、梨花女子大学校、慶北大学校、漢陽大学校

日本の昭和、大正、明治の戦前およそ一世紀にわたり、近代化と富国強兵策を進め、強大な日本帝国をつくった二大勢力は、東京帝国大学と陸軍士官学校出身者とされている。

韓国の建国前後から現在に至る半世紀にわたり、建国と韓国動乱の祖国防衛、その後の戦後復興、近代工業化と経済発展を、強力に推進した基幹勢力は、国立では、国立ソウル大学校（旧京城帝国大学含む）と陸軍士官学校、私立では、延世大学校（旧延禧専門学校を含む）と高麗大学

校（旧普成専門学校含む）の四校出身者であるとの世評は、前記の資料からもうなずけられる。

第2節　軍人（武官）の位階、補職、俸給、停年制度

1．軍人の社会的地位

韓国の人口は、四七〇〇万人に対し、陸海空軍の現役常備軍は、およそ六〇万人（人口の一・三％）で、北（朝鮮民主主義人民共和国）の人口二、二〇〇万人に対し、現役常備兵力は一一〇万人（人口の五％）に比べると少ない方である。

日本が第二次世界大戦以前の一九三五年当時、陸海空軍の常備兵力はおよそ二五万人で内地人口の〇・四％であったし、太平洋戦争の最盛期一九四五年八月当時、内外地総人口は一億人に対し、動員された総兵力はおよそ七二〇万人（国内三七〇万、海外三五〇万）、（陸軍五五〇万、海軍一七〇万）人口の七％に比べると、韓国南北の兵力の現状が理解できよう。

何れの国も徴兵国民皆兵制度である。

南北ともに、常備兵力の六～七割が、二八〇キロの東西軍事境界線付近に配備されている。

韓国の場合、一九四八年建国当時の人口二一、〇〇〇万人に対し、陸海空軍兵力はおよそ五万人、一九五〇年の動乱発生当時には一〇万人弱で軍人の最高位指揮官は少将（二星将軍）であった。

北の朝鮮人民軍の場合、同じ時期に人口は一、〇〇〇万人に対し、兵力は一五万人で、軍の最高位指揮官は、元帥、次帥、大将等三人も居た。

一九五〇年韓国動乱の三年間に韓国の兵力が増強され三〇余万人となった。その後五〇年を経過した今は、人口も兵力も二倍に増加して、南北の軍事的対峙、強度の緊張が続く準戦時体制下にある。

国家予算の二〇％以上が軍事費（二〇〇一年は一五兆ウォン）に充当され、陸海空軍の編成と武装、基地は整備強化され国家の安保体制と武力の優位が要求される現状下では、軍人の社会的地位とその使命・重要性が高いのは不可避であり至極当然のことであろう。

2．軍人の位階

韓国の陸軍、海軍、空軍の位階、俸給等待遇は三軍共通している。階級章は米軍と同じく、陸海空軍共に星の数で表示される。

将校は少尉から大将まで一〇階級に区分されている。

将官（将軍）は、四階位に区分され、大将（四星将軍）中将（三星）少将（二星）准将（一星）で、元帥は前例がない。

領官（佐官）は、大領、中領、少領の三階級であり、大韓帝国時代、武官の称号が、正領（大佐）副領（中佐）参領（少佐）であったのを継承しており、花模様の標識を三つ、二つ、一つで階級を表している。

ている。

尉官は大尉、中尉、少尉の三階級で、ダイヤモンド（菱形）標識を三個、二個、一個で表示している。

准士官、下士官（最近副士官と呼ぶ）は、准尉、元士、上士、中士、下士の五階級に区分されている。数年前、特務上士を元士と改称した。

兵の階級は、兵長、上兵、一兵、二兵の四階級に区分されており、黒い横線を四本、三本、二本、一本で階級章を表している。

韓国では「男子は国家防衛の義務、女子は国民生産の義務がある」といわれる。男子は、満一九歳で徴兵検査（大学生は延期）適令年四〇万の八五％が現役服務に判定され、二五万人が現役兵として入営し、残りは戦闘警察隊等非軍事勤務をする。現役服務期間は、陸軍・海兵隊が二六箇月、海軍二八箇月、空軍三〇箇月、八割が陸軍兵士として論山訓練所等で六週間の基礎訓練を終えると本人の希望と適性・技能等により兵種（歩兵・砲兵・工兵・機甲・通信・兵站兵等）が決定される。

大部分の現役兵は、軍事分界線付近の前線部隊での訓練と勤務を終えると、兵長または上兵として転役と同時に予備兵役で郷土予備軍に編入される。代替勤務要員として二兵または一兵として勤務を終えた者も郷土予備軍（総数三〇〇余万人）に編入される
義務兵役服務を終了し、下士官（副士官）として長期服務を希望する者は審査詮衡に合格すれば、下士官として教育訓練を経て、下士官に任官し長期服務する。

陸軍の兵種は、戦闘兵科七、技術兵科（兵器・化学等）四、行政兵科（副官・経理・憲兵等）四、特殊兵科（軍医・法務等）七、合わせて二二兵科に組み分けされている。

二〇〇一年の韓国軍常備兵力は、陸軍五六万人（一一軍団・四七個師団）、海軍六・七万人（海兵隊含む）、空軍六・三万人、合計六九万人である。

３．軍の将校養成と任官

国軍の根幹をなす指揮官・参謀は、すべて将校（士官）が、その任務に補職される。兵書に「強将の下に弱卒無し」と云われる通り、強健有能な将校の養成が、強力な国防軍、安保体制確立の基礎である。将校は国家の干城であり、将校の養成は国家の緊要な責務である。

日本は明治維新後まもなく明治六年に徴兵制度をしき、七年（一八七七）陸軍士官学校条例を定め、兵学寮を陸軍士官学校に改編設立して、近代陸軍の将校を体系的に養成し、彼らが日清・日露戦争の主要指揮官・参謀として活躍し勝利した。

韓国は建国二年前に陸軍士官学校を設立開校し、国軍の正規現役将校の育成に着手した。将校の訓育養成は、法令および関連規範に基づき厳格に実施され、心身強健、容姿端正、人格、信念、能力、言行等すべて国軍の指揮官、国家安保の重責を遂行し得る士官を養成した。

国軍の八割を占める陸軍の将校の場合、将校の養成任官は次の通り幾つかの方法がある。

(1)　陸軍士官学校（花郎台）

陸軍士官学校は一九四六年、ソウル市の郊外揚州郡泰陵、現在のソウル市蘆原区花郎台に設立され、一九四八年大韓民国政府が樹立された時期には、六期まで卒業任官し、陸軍将校はおよそ一五〇〇人、総兵力は約五万人で士兵三三人に将校一人の割合（普通は一〇対一）であった。

一九五〇年、六・二五韓国動乱開戦時には、九期までが卒業任官、一〇期が在学中で、当時任官していた将校総数は約三千人、陸軍総兵力は一〇万人（三三人に一人の割合）であった。

一九五三年の第一一期から、従来の短期教育養成に代わり、高校卒の若年層を選抜、四年制に移行し、現在に至っている。第一〇期までの士官学校教育は、旧日本陸軍士官学校とアメリカ、ウェストポイント陸軍士官学校の長所と経験、実績を取り入れた過渡的混合教育システムであった。

日常生活と規律、内務教育および精神教育と訓育は、日本陸軍の厳格な制度を取り入れ、戦術、戦闘、制式訓練および編成、武器装備、軍事行政等はウェストポイント陸士のシステムを適用し、米軍の野戦教範（F・M）、技術武器教範（T・M）を翻訳し教育した。

現在は先進国の士官学校教育の設備、システム、教育内容を取り入れ、最も充実し、優れた最高の士官教育養成大学である。

韓国経済が中進国に達する一九七〇年代までは、陸士の場合、官費、全寮制、二四時間教育システムであったから、経済的に恵まれぬ愛国心の強い優秀な青年が激しい入学試験に合格した精鋭、優秀な士官生徒・韓国のエリートが花郎台に入学した。

卒業と同時に少尉に任官し、見習士官制度はなく、二〇〇一年五七期までの韓国陸士を卒業し、将校に任官した総数は一八、〇〇〇人に達する。

韓国の陸士を花郎台、大統領官邸を青瓦台、旧日本陸士を相武台、航空士官学校を修武台と称するが、「台」の語意には大字源によると「城・宮殿」の意味があるからであろうか？

(2)　陸軍第三士官学校（忠誠台）

二年制の専門大学（日本の短期大学）卒業生か、四年制大学の二年修了者が受験し、二年間の軍事専門教育と訓練を受けて、卒業と同時に少尉に任官する。

韓国動乱中、大量の初級将校を養成するため、各兵科別学校を統合して陸軍総合学校に改組して設立された。陸軍綜合学校甲種課程が士官養成コースであった。

一九六八年に改編して、慶尚北道氷川市（大邱の近郊）に陸軍第三士官学校として開設し、二〇〇三年第三五期までの卒業生は十二万六千人に達し、中隊長・大隊長等の中級指揮官養成の役割を果たしている。優秀な卒業生は将官にも昇進している。

(3)　学訓将校（ROTC＝Reserve Officer Training Corps）

予備役将校訓練団出身将校の意味で、四年制の綜合大学には、軍事訓練のために、学訓将校団（大学生・軍事訓練現役配属将校団の意）が国防部から派遣されている。

大学生の希望者を選抜し、四年間に、休日、休暇等を活用し、一定期間、学業を続けながら、所定の軍事教育・訓練を受けさせ、大学卒業時に所定の基準に達した者は、選考の上、少尉に任官して、各兵科学校で専門教育を受けた後、各部隊に配置される。

ＲＯＴＣ将校は、服務義務年限三年間に中尉に進級して除隊、予備役になる場合と、長期服務して職業軍人になる場合とがある。

毎年約四千人くらいが、長期服務を希望し、その四〇％前後が長期服務現役将校となり、大部分は領官級に進級、優秀な将校は将官進級者もある。

学訓将校（ＲＯＴＣ）は、米国の制度を取り入れたもので、旧日本陸軍の甲種幹部候補生となって予備士官学校の教育課程を経て陸軍少尉に任官、大量の予備役下級将校（小隊長クラス）を養成するのに類似している。

ＲＯＴＣ将校は、除隊後、郷土予備軍の下級指揮官として重要な国家安保の責任を果たすとともに、公務員社会、民間会社等での職業活動でも文武兼備の模範的な存在となり、国民から信頼されている。

(4) 非戦闘兵科将校の任用

陸軍士官学校・陸軍第三士官学校・学訓将校（ＲＯＴＣ）出身将校は、戦闘兵科（歩兵・砲兵・工兵・機甲兵・航空兵・通信兵等）の部隊指揮官または一般参謀の職務を遂行する。

近代的な軍隊には、戦闘兵科将校のほかに、専門職・技術職の非戦闘兵科将校があり、それぞれ必要な分野部署で重要な役割を果たしている。

医務将校（軍医官）薬剤将校、兵器将校、法務将校（法務官）、経理将校（財政官）、政訓将校（政治教育将校）、軍宗将校、副官行政将校、通訳将校、軍楽将校等は、それぞれ専門学科の大学を卒業、または国家試験・資格所有者が志願し、詮衡のうえ「学士将校」として少尉または中尉に任官し、各単位部隊の特別参謀、専門職将校、教官として軍務に服し、三年間の義務的服務を終えて、除隊するか、長期現役服務で領官将校に昇進する。

陸・海・空軍ともに女軍将校が養成されており、各軍の士官学校には毎年十数人の女性将校生徒が激しい競争試験を突破して入学し、将校に任用補職され、重要な役割を果たしている。陸軍の場合、女性看護士官学校を経て、看護少尉に任官する場合と、女性医師の軍医官将校、非戦闘兵科の専門職女性将校が各分野に進出し、重要かつ必要な軍務を遂行している。

海軍の場合、海洋大学（商船大学）、水産大学卒業者は、海軍の機関将校、航海将校に任官し、技術専門将校として重要な役割を果たしている。

4. 将校の特殊性と補職制度

軍の将校は、一般の国家公務員や会社の役員、管理職幹部と異なり、初級将校であっても、数十人乃至数百人の指揮官となり、一日二四時間の全てを管理掌握し、身命を捧げて国家を防衛する強兵を教育訓練する重要な職責と聖なる使命が課せられている。

作戦任務、戦闘行為を遂行する場合には、部下士兵の死活を決する指揮官の重任を果たすには、高度の軍事に関する知識、技術、能力、判断決心を有し、適時適切なる命令と率先陣頭で戦闘任務を遂行しなければならない。

また部隊勤務の軍人は、常時兵器と弾薬を所持武装してその職務を遂行する状態にあり、韓国の全兵力のおよそ七割が前線勤務についている関係上、心身の危険性と緊張度等は、一般公務員や会社員に比べて極めて厳しい条件を強いられている。

このような国家の安全保障の重責を一生の聖職として献身している軍の将校や士兵に対し、国家は、それ相応の処遇と権威、名誉を保証するのは当然であり、韓国もその例外ではあり得ない。

初級将校（尉官）は、戦闘単位の指揮官（中隊長・小隊長）の職務を遂行し、各種兵科学校（歩兵学校・砲兵学校・工兵学校等）の中級、上級課程に派遣学生となり、戦技戦術教育を受けながら進級する。

領官級に進級すると戦術単位の指揮官（連隊長・大隊長）参謀職に必要な高等軍事教育を受け

るため、陸軍大学校等で体系的教育研修を受け昇進する。

大領級に進級すると、高度の戦略、政略、国家の安保政策、陸海空の共同戦略等を研修するため厳選された者が国防大学院に入学し、将帥としての研究修練を積み高級司令部の参謀・指揮官の重任に補職される。

韓国陸軍の中堅、上級将校の出身校別一、九九八年度の進級者は表4—7の通りである。

少領進級が毎年九〇〇人、准将進級が五〇人が基準とされているようで、少領進級は、陸軍士官学校、第三士官学校、学訓将校、其他特殊兵科専門職将校等が調和がとれている。

連隊長、参謀本部と司令部の課長職である大領への進級は毎年一〇〇余人で陸士出身者がおよそ六〇％を占めている。

准将進級者は陸士出身が六八％である。

陸軍の将官総数は凡そ三三三人くらいで、陸海空軍を合

表4—7　出身学校別・進級者人数（1998年）

進級区分	陸士	三士	ROTC (2000年)	其他	合計
大尉から少領	253	295	234	117	899
少領から中領	193	173	46	38	450
中領から大領	83	44	9	4	140
大領から准将	36	8	1	2	47

将官人数
准将　200、少将　100、中将　37、大将　6
合計　333人
海軍、空軍の将官が　約80～90人
(資料、月刊朝鮮2,001年12月誌)

わせると四一〇〜四二〇人ほどであろうか。

陸軍大将の補職は、合同参謀本部議長、陸軍参謀総長、韓米連合司令部副司令官（司令官は駐韓米軍司令官大将）、第一、二、三軍司令官の六人である。このほか海空軍参謀総長が大将である。

軍隊組織は、平時戦時を問わず、指揮命令系統および上下、先任後任等の位階秩序が明白に確立されてこそあらゆる軍事行動や日常生活を規制することが出来る。

基本は補職制度で同じ中尉で一人は中隊長、一人は小隊長の場合には、中隊長の中尉が指揮命令し、大隊長事故の場合、大尉の中隊長と中尉の中隊長がある場合には、大尉の中隊長が大隊長の職を代行し指揮する。この場合、大尉の中隊長が二人いる場合は先に大尉に任官（先任）した者が、また同時に任官したならば、将校軍番の早い順（将校の軍番は陸士の卒業期別、成績順に定められている）に、上位職務を代行する。

このような上下、先任の序列は何れの補職、階級、下士官や兵にも共通する原則、慣例である。

通常の部隊編成は、小隊、中隊（戦闘単位）、大隊、連隊（戦術単位）、旅団、師団（戦略単位）、軍団・軍（旧日本軍の方面軍、野戦軍単位）、総司令部または参謀本部のように構成されている。将校の階級と相応する編成（T・O）上の補職・官職名は次の通り。

① 少尉　小隊長、教官
② 中尉　小隊長、教官、中隊副官
③ 大尉　中隊長、大隊副官、大隊参謀
④ 少領　副大隊長、連隊副官、連隊参謀、各課主任将校
⑤ 中領　大隊長、副連隊長、師団・軍団参謀
⑥ 大領　連隊長、師団参謀長、軍団主任参謀、参謀本部・司令部課長、兵科別学校長、海外駐在武官
⑦ 准将　副師団長、旅団長、軍団参謀、兵科別学校長
⑧ 少将　師団長、副軍団長、本部局長、本部参謀部長、特殊兵科監
⑨ 中将　軍団長、参謀次長、独立機関司令官
⑩ 大将　合同参謀本部議長、参謀総長、軍司令官

戦術単位、戦略単位、高級司令部には、最高指揮官を補佐する一般参謀（第一課、人事・行政副官）第二課（情報）第三課（作戦・教育）第四課（軍需・補給）と特別参謀（医務・法務・政訓・憲兵・兵器・通信等）が、有機的に連携協力し、その指揮能力を高める。

5．将校の進級、停年、給与制度

(1)　進級

将校は、幹部の教育、再教育のための各種兵科学校―陸軍士官学校、陸軍大学、国防大学院、海外軍事学校留学等―の学歴と経歴、階級別勤務年数、勤務成績、軍功賞罰等を、人事考課票により総合的に評価審査を定期的に行い、漸次上位階級に昇進して、その階級に相応する単位部隊の指揮官または参謀職に補職される。

進級は「軍人事法」および内規、慣例等に従って厳正公平に行われ、軍人の志気を鼓舞昂揚し、軍の戦闘力を強化する視点と方針でなされ、また功労のあった将校に対しては、勲章・表彰等を行う。

進級に際しては、「階級別最低服務年数」を経過し、「将校任官後の最低勤務年数」を充足した者が審査対象となる。

階級別最低服務年数は、少尉一年、中尉二年、大尉六年であり、大尉になって六年勤務の後に少領進級の資格が生ずる。少領五年、中領四年、大領三年、准将二年まで中堅将校の最低服務年数が定められている。

さらに、上位階級への進級には次の通り「将校任官後の最低勤務年数」を経過しなければならない。

中尉になるには一年、大尉には三年、少領に進級するには一一年、中領になるには一七年、大領になるには二二年、准将になるには二六年、少将に進級するには二八年が最低限必要となる。

連隊長に補職されるには、二二歳で陸軍少尉に任官したならば、最年少でも四四歳に、少将に進級して師団長に補職されるには、同じく五〇歳に達してその地位に就くことになる。

(2) 停年・退職

将校の退職停年は、年齢停年、階級停年、階級別勤務停年の三項目の停年制度があり、その何れか一つ該当すれば、予備役に編入される。

一般公務員や教育公務員は、一定の年齢に達すれば、職階に関係なく退職するのと異なる。

将校は階級と補職の両方から軍人としての活動が規制されている。

階級停年によると、大尉以下は四三歳、少領四五歳、中領五二歳、大領五六歳、准将五八歳、少将五九歳、中将六一歳、大将六三歳である。下士官の場合、准尉と元士は五五歳である。

大尉で四三歳に達しても少領に進級できなければ退職となり、中隊長職は大尉であるから、四三歳以上の中隊長は存在し得ない。一個中隊の士兵は一五〇人内外で、その陣頭指揮、率先垂範で統率をするには、若い活力が要求されるからであろう。

連隊長職である大領の場合、五六歳で准将に進級しなければ、予備役に編入され、五六歳以下の将校が連隊長職を務める仕組みになっている。

階級別勤務定年制によると、准将は六年であり、准将階級で六年勤務して少将に進級できない場合には予備役に編入される。

少将は六年、中将は六年である。

大将の年齢停年は六三歳であり、旧日本陸軍の六五歳、中将六二歳に比べると、戦前人生五〇年ともいわれた時代での六五歳と、韓国の男子平均寿命七〇歳の時代の六三歳はいかにも早すぎる感がある。

一般公務員に比べ将校の停年が早く、その分不利益となっている。

(3) 給与制度

陸軍、海軍、空軍将校の給与体系は同一であり、階級別に多くの号俸に区分され、階級の昇進と勤務年数により、給与が定められる。

少尉は一〜三号俸に区分され、四四・五万ウォンから五〇・三万ウォン、中尉は一〜七号俸に区分され、四九・二万ウォンから六七・四万ウォン、大尉は一〜一二号俸に区分され、六四・二万ウォンから一〇四・一万ウォンである。

大尉の給与は、一般公務員の六級職（主事）に該当する。

少領の給与は一〜一四号俸に区分され、八一・四万ウォンから一三一・七万ウォン、中領は一〜一五号俸に区分され、九九・九万ウォンから一五五・二万ウォン、大領は一〜一五号俸に区分され、一一二・八万ウォンから一六八・一万ウォンとなっている。

少領は一般公務員の五級職（事務官）、中領は四級職（書記官）、大領は三級職（副理事官）二級職（理事官）および警察官の治安監とほぼ同じ水準である。

准将は、一～一三号俸に区分され、一四〇・〇万ウォンから一八四・六万ウォン、少将は一～一三号俸に区分され、一四八・七万ウォンから一九四・三万ウォンとなっている。

中将、大将の場合は別定職に準じて給与が定められ、次官、長官と同じ水準である。

表4－8　軍人の俸給表

(2000年度)　　(単位　ウォン)

階級 号俸	少将	准将	大領	中領	少領	大尉	中尉	少尉	准尉	元士	上士	中士	下士
1	1,487,500	1,400,300	1,128,100	999,300	814,500	642,300	492,300	445,600	592,300	856,900	579,500	458,700	382,900
2	1,525,500	1,437,500	1,167,600	1,038,800	853,200	678,600	522,700	474,400	622,800	885,400	606,900	484,400	398,300
3	1,563,500	1,474,700	1,207,100	1,078,300	891,900	714,900	553,100	503,200	653,300	913,900	634,300	510,100	413,700
4	1,601,500	1,511,900	1,246,600	1,117,800	930,600	751,200	583,500		683,800	942,400	661,700	535,800	429,100
5	1,639,500	1,549,100	1,286,100	1,157,300	969,300	787,500	613,900		714,300	970,900	689,100	561,500	444,500
6	1,677,500	1,586,300	1,325,600	1,196,800	1,008,000	823,800	644,300		744,800	999,400	716,500	587,200	459,900
7	1,715,500	1,623,500	1,365,100	1,236,300	1,046,700	860,100	674,700		775,300	1,027,900	743,900	612,900	475,300
8	1,753,500	1,660,700	1,404,600	1,275,800	1,085,400	896,400			805,800	1,056,400	771,300	638,600	490,700
9	1,791,500	1,697,900	1,444,100	1,315,300	1,124,100	932,700			836,300	1,084,900	798,700	664,300	506,100
10	1,829,500	1,735,100	1,483,600	1,354,800	1,162,800	969,000			866,800	1,113,400	826,100	690,000	521,500
11	1,867,500	1,772,300	1,523,100	1,394,300	1,201,500	1,005,300			897,300	1,141,900	853,500	715,700	
12	1,905,500	1,809,500	1,562,600	1,433,800	1,240,200	1,041,600			927,800	1,170,400	880,900	741,400	
13	1,943,500	1,846,700	1,602,100	1,473,300	1,278,900				958,300	1,198,900	908,300	767,100	
14			1,641,600	1,512,800	1,317,600				988,800	1,227,400	935,700	792,800	
15			1,681,100	1,552,300					1,019,300	1,255,900	963,100	818,500	
16									1,049,800		990,500	844,200	
17									1,080,300		1,017,900	869,900	
18									1,110,800		1,045,300	895,600	
19									1,141,300		1,072,700	921,300	
20									1,171,800			947,000	
21									1,202,300			972,700	
22									1,232,800			998,400	
23									1,263,300				
24									1,293,800				
25									1,324,300				
26									1,354,800				
27									1,385,300				

大将：2,251,000ウォン、中将：2,061,000ウォン　　朝鮮日報　1999年12月21日

第5章　大韓民国の勲章制度

第1節　概要

韓国における勲章制度は、大韓帝国時代、一九〇〇年（光武四年）高宗皇帝の勅令第一三号により「勲章條例」が公布され王族と高官たちが佩用した。

一九一〇年八月二九日の日韓合併で、朝鮮総督府が設立され、一九四五年八月一五日、日本の敗戦により朝鮮が解放されるまでの三五年間は、日本の勲章制度の一部が朝鮮にも適用され、王族、貴族、高級官僚に日本帝国の勲章が授与された。

一九四八年八月一五日に、国連の監視と指導のもと、民主的総選挙を経て、朝鮮半島の唯一合法的政府として、大韓民国政府が樹立されて間もなく、勲章制度が制定され、今日に至っている。

韓国の初代李承晩大統領は、一九四九年四月二七日、「建国功労勲章令」を制定公布した。

一九一九年三月一日、全国的な独立運動の後、上海で樹立された大韓民国臨時政府（初代主席、李承晩）の指揮下で活動した愛国志士、独立闘士に対して、建国功労勲章が授与された。

これが近代的民主国家、韓国の最初の勲章であった。

その後、「無窮花勲章令」等九種類の勲章が制定されたが、朴正熙大統領時代になって、一九六三年一二月一四日「賞勲法」が制定公布された。

この法律によって、従来の各種の勲章令を単一の法令に、各種勲章や国家表彰制度が、統一的法体系に改編され確立した。

その後若干改正され、現在に至っている。

第2節　国家の表彰制度と勲章

韓国政府の「賞勲法」（全文四一条と附則）にもとづく賞勲事務を担当する「行政自治部賞勲担当官」が発行する資料によると、次のように区分されている。

一　勲章

大韓民国に顕著な功績のある国民または友邦国民に叙勲するもので、一一種類がある。

勲章は、国家や社会に対する貢献や功績の内容種類により、無窮花勲章、建国勲章、国民勲章、武功勲章、勤政勲章、保国勲章、修交勲章、産業勲章、セマウル（新しい村つくり運動）勲章、文化勲章、体育勲章等である。

勲章はすべて、五階級に位階が区分されている。

二　褒賞

国家に貢献し、その功績多大なる国民に授与し、勲章に次ぐ国家的叙勲である。

国家褒賞は、勲章と同じく一一種類で、位階それぞれ等級区分がなく単一等級である。

三　表彰

表彰は、国家または社会に貢献した内外国民に授与する。

表彰は、大統領表彰、国務総理表彰、中央機関長（各部長官）表彰状、各機関長表彰状に区分される。

大統領表彰と国務総理表彰は、授章と証書を与え、授章は右胸に付ける。

第3節　勲章の種類と等級

韓国の現行勲章制度は、一一種類で各勲章のすべては五段階に区分されているが、一等、二等等の数字で等級を表示せず、各等級毎に特定の名称をつけており、外見上は上下の区別が明白でないように考慮されている。

各勲章の名称・種類および等級別名称は次の通り。

一　勲章

1　無窮花大勲章（Grand Order of Mugunhwa）

この勲章は、大統領と配偶者、友邦国家の元首と配偶者、また我が国の発展と安全保障に寄与した功績顕著な前職の友邦国家元首と配偶者に授与する。

この勲章に限って等級がなく、単一種類の勲章である。

2　建国勲章（Order of Merit for National Foundation）

大韓民国の建設に功労顕著であり、また国基を強めるのに功績の大であった者に授与する。

一等級　大韓民国章
二等級　大統領章
三等級　独立章
四等級　愛国章
五等級　愛族章

3　国民勲章（Order of Civil Merit）

この勲章は、政治、経済、社会、教育、学術の分野で功績を挙げ、国民の福祉向上と国家の発展に寄与した功績の顕著な者に授与する。

一等級　無窮花章　（図版参照）
二等級　牡丹章　（図版参照）
三等級　冬柏章
四等級　木蓮章

五等級　石榴章（ザクロ）

※　無窮花は韓国の国花、冬柏は椿の花。

4　武功勲章（Order of Military Merit）

戦時またはそれに準ずる非常事態に際し、戦闘に参加し、武勲の顕著な者に授与する。

一等級　太極武功勲章（図版参照）
二等級　乙支武功勲章（図版参照）
三等級　忠武武功勲章
四等級　花郎武功勲章
五等級　仁憲武功勲章

※　太極は周易でいう宇宙の本体の意、韓国の国旗を太極旗という。乙支は七世紀随の大軍侵略を撃退大勝し、国難を救った高句麗の名将乙支文徳のこと。忠武は朝鮮王朝中期壬辰乱のとき、豊臣軍を撃退した水軍の世界的名将李舜臣の号、忠武公のこと。花郎は新羅時代の青年貴族騎士の通称。

国民勲章

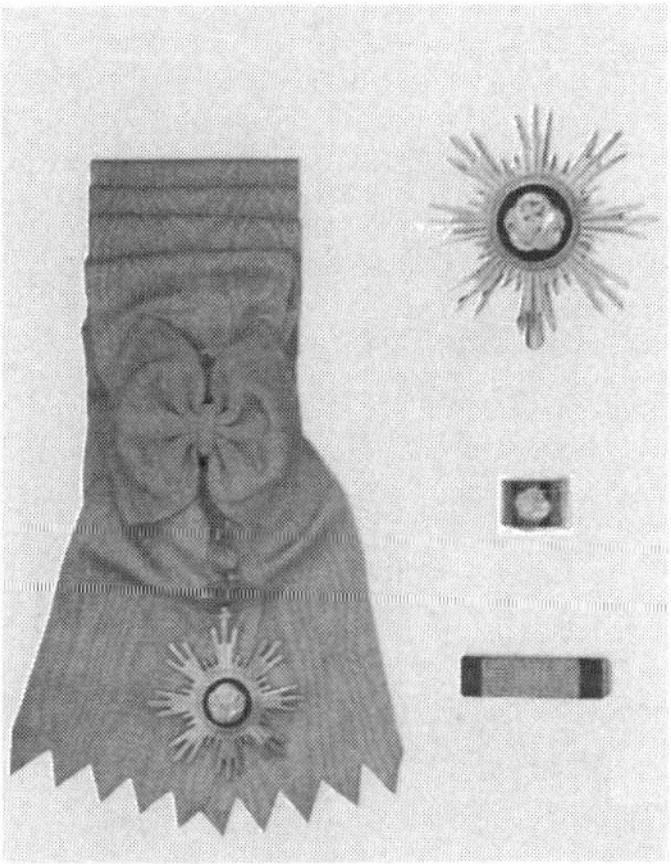

１等級（無窮花章）

武功勲章

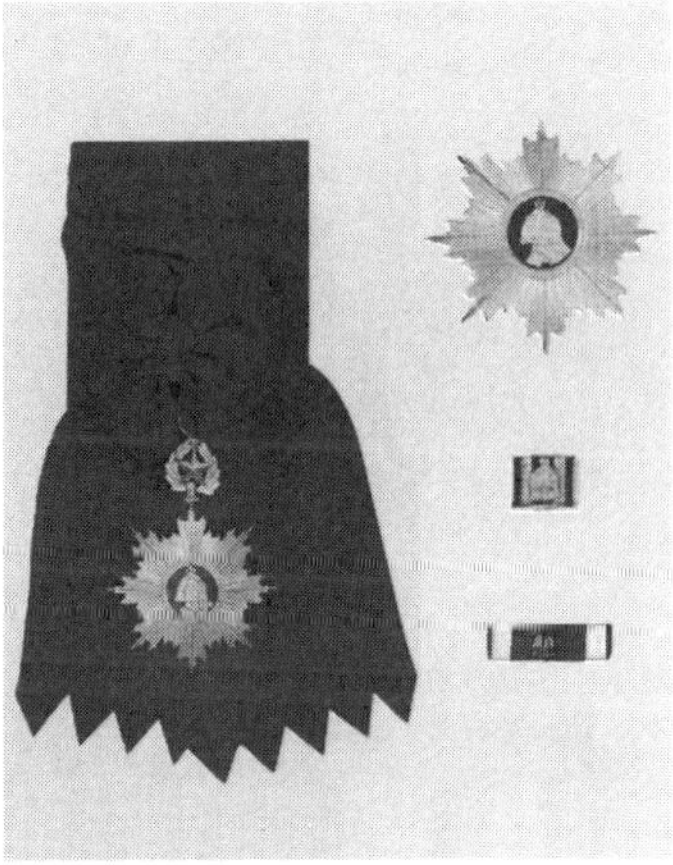

１等級（大極）

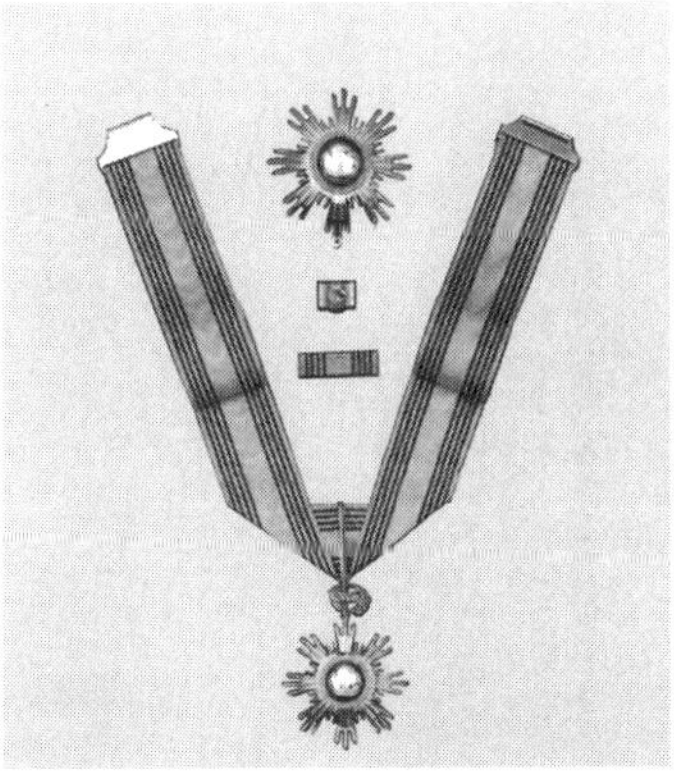

２等級（牡丹章）

２等級（乙支）

勤政勲章

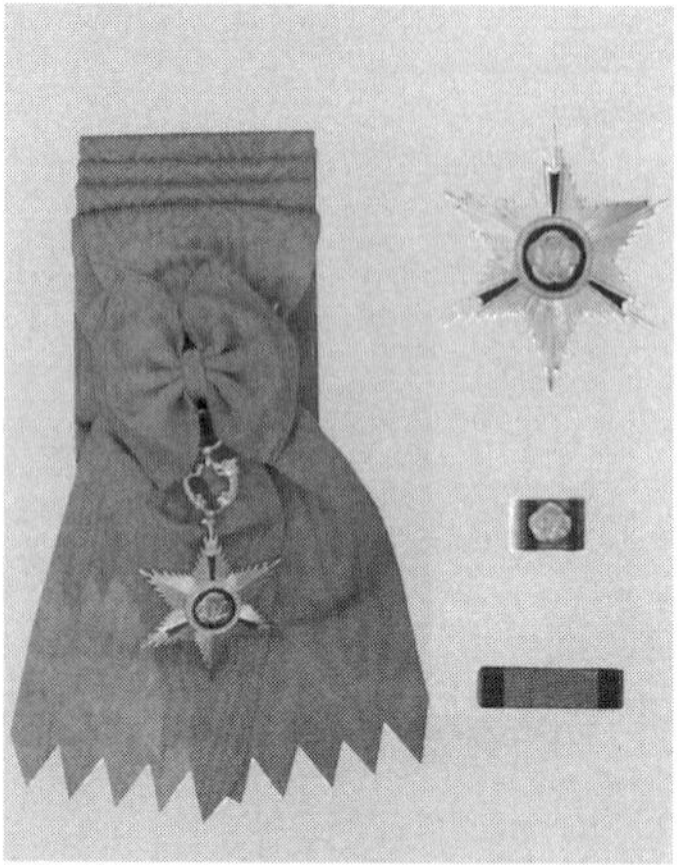

1等級（青條）

2等級（黄條）

産業勲章

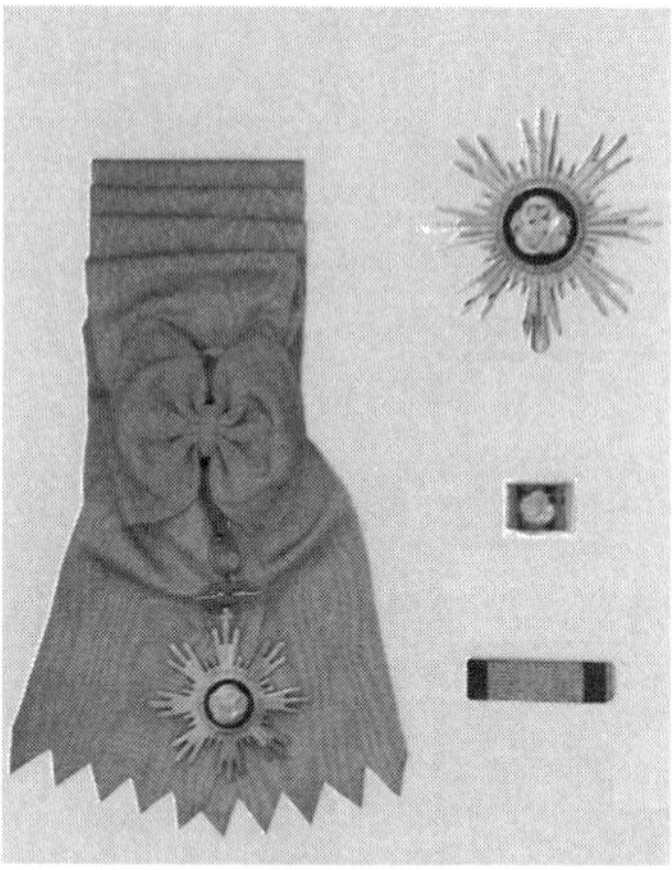

1等級（金塔）

2等級（銀塔）

文化勲章

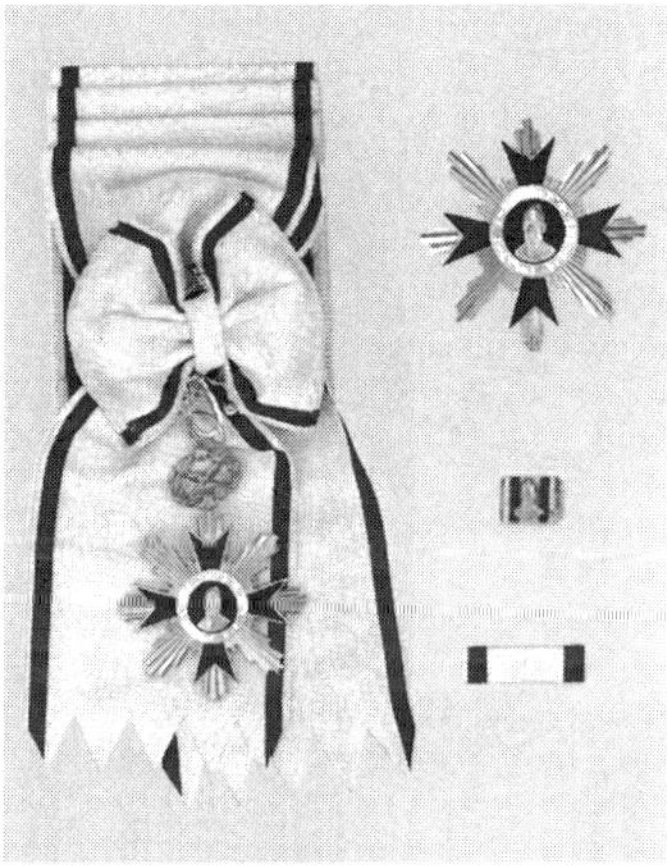

１等級（金冠）

体育勲章

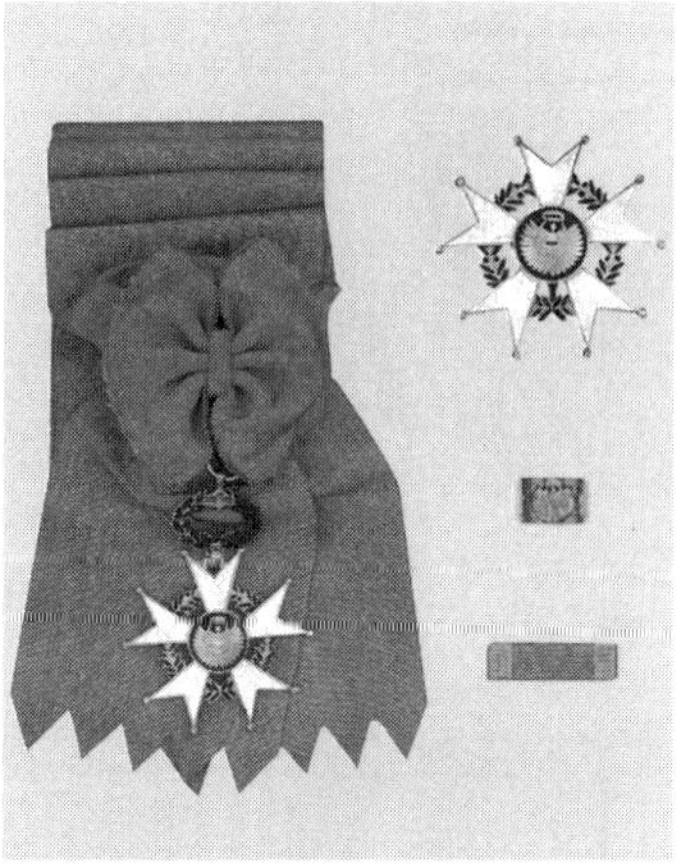

１等級（青虎）

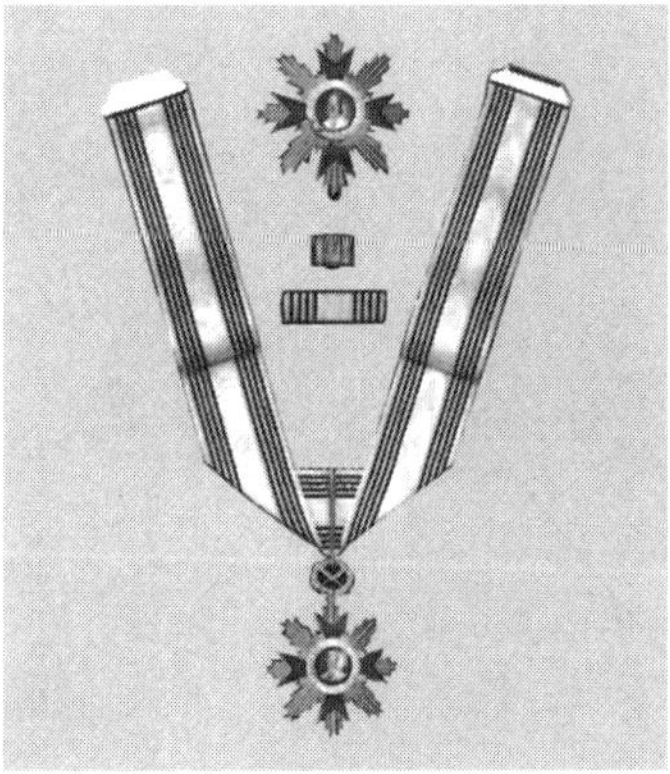

２等級（銀冠）

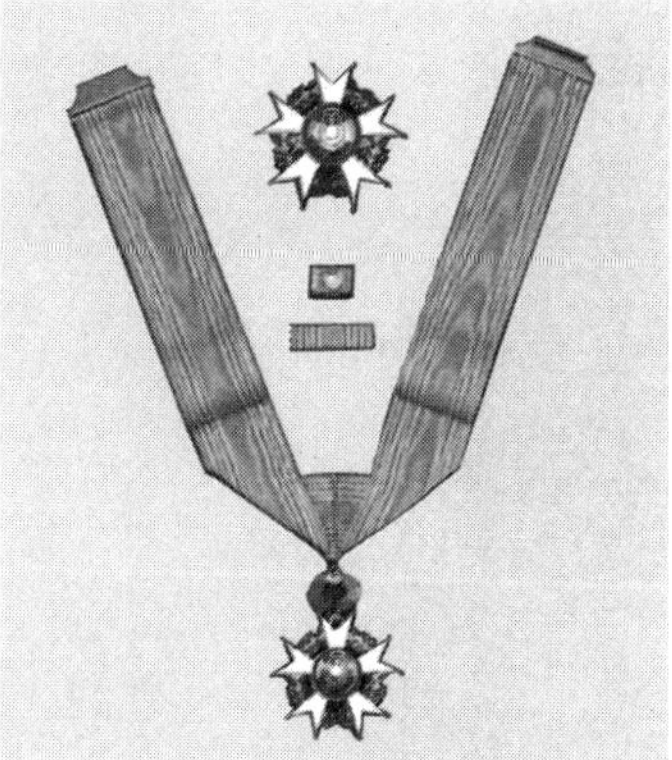

２等級（猛虎）

褒　章

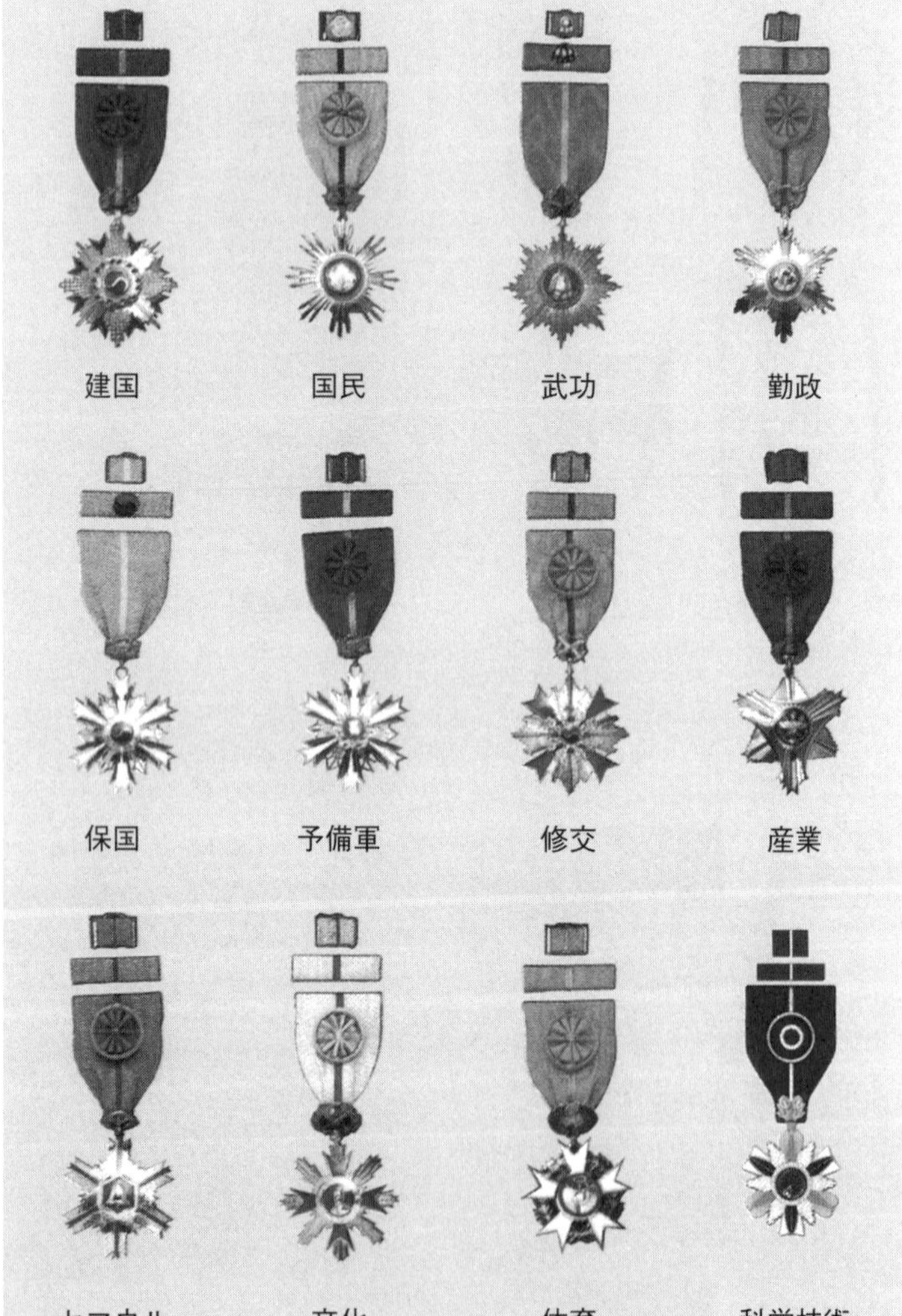
建国
国民
武功
勤政
保国
予備軍
修交
産業
セマウル
文化
体育
科学技術

5　勤政勲章（Order of Service Merit）

公務員（軍人を除く）で職務に精勤し、功績顕著な者にこの勲章を授与する。

一等級　青條勤政勲章（図版参照）
二等級　黄條勤政勲章（図版参照）
三等級　紅條勤政勲章
四等級　緑條勤政勲章
五等級　玉條勤政勲章

6　保国勲章（Order of National Security Merit）

この勲章は、国家の安全保障に顕著な功績があった者に授与する。

一等級　統一章

二等級　国仙章
三等級　天授章
四等級　三一章
五等級　光復章

※　国仙は花郎の別称、光復は国権の回復の意、三一は一九一九年三月一日朝鮮各地で全人民の反日独立運動があった日。

7　修交勲章（Order of Diplomatic Service Merit）

この勲章は、いわば外交勲章であり、国権の伸張、友邦国との親善に貢献した者に授与する。

一等級　光化大章、光化章
二等級　興仁章
三等級　崇礼章
四等級　彰義章
五等級　粛靖章

※　光化は朝鮮王朝の王宮景福宮の正門が光化門、その前の大通りを光化門通と称した。興仁、崇礼、彰義は朝鮮王朝の首都漢城の王宮を中心に城壁を築き、東大門、南大門、西大門を、それぞれ興仁之門、崇礼之門、彰義之門と称した。

８　産業勲章（Order of Industrial Service Merit）

この勲章は、いわば経済勲章であり、国家の産業発展に貢献した功績の顕著な者に授与する。

一等級　　金塔産業勲章　　（図版参照）
二等級　　銀塔産業勲章　　（図版参照）
三等級　　銅塔産業勲章
四等級　　鉄塔産業勲章
五等級　　錫塔産業勲章

９　セマウル（新しい村）勲章（Order of Saemueul Service Merit）

朴正熙大統領が提唱した新しい村つくり運動という国民運動を通じて、国家社会に寄与した功績の大きかった者に授与する。

一等級　自立章
二等級　自助章
三等級　協同章
四等級　勤勉章
五等級　努力章

10　文化勲章（Order of Culture Merit）

この勲章は、文化・芸術の発展に功労があり国家発展、文化向上に寄与した者に授与する高貴な勲章である。

一等級　金冠文化勲章（図版参照）
二等級　銀冠文化勲章（図版参照）
三等級　宝冠文化勲章
四等級　玉冠文化勲章

五等級　　花冠文化勲章

11　体育勲章（Order of Sport Merit）

この勲章は、体育発展に功を立て、国民体位の向上、国家発展に寄与した功績の著しい者に授与する。

一等級　　青竜章　　（図版参照）
二等級　　猛虎章　　（図版参照）
三等級　　巨象章
四等級　　白馬章
五等級　　麒麟章

※　オリンピック競技、全世界的選手権競技大会、アジア大会等で入賞メダルを受けた世界的なスポーツマン等に授与

二　褒賞（Medals of Honour）

勲章のうち無窮花大勲章を除く一〇種類の勲章の五等級の次に位するものであり、また勲章にはないが褒賞のみがある「予備軍褒賞」と「科学技術褒章」が加わり全部で一二種類あり、次の通り。（図版参照）

①　建国褒賞
②　国民褒賞
③　武功褒賞
④　勤政褒賞
⑤　保国褒賞
⑥　予備軍褒賞
郷土予備軍（予備役軍人で一定の軍事訓練または防衛勤務に服する）の育成発展に寄与した功績があった予備役軍人に授与する。
⑦　修交褒賞
⑧　産業褒賞
⑨　セマウル褒賞
⑩　文化褒賞
⑪　体育褒賞
⑫　科学技術褒章

第４節　勲章決定基準と勲章の佩用

在職公務員および退職公務員に対する勲章の授与と、各勲章の勲格決定には一定の基準があり、その基準と各人の功績等を総合的に考慮審査して定められる。

一　在職公務員の叙勲

在職公務員の勲格や表彰等は、功績の程度、職級と地位等、諸般の事実関係を総合的に考慮して、退職公務員の基準に準じて定める。

二　退職公務員の叙勲

政府は、毎年定年退職する公務員が、長期間にわたり、国家と国民に奉仕して停年を迎え、名誉の退職に際し、その労苦と功績を評価称賛して、それに相応する勲章を授与する。

叙勲された退職公務員は、受勲によって長年の公務員生活に有終の美を飾り、名誉と自尊心を高め、老後も社会に貢献しながら余生を充実に生き長寿する精神的な支柱として、家族全員と共に愛族愛国の念を深めるようにする。
勲章は、在職三三年以上の退職公務員に授与され、退職と同時に昇進した場合には、昇進した職級を基準として勲格を定め、叙勲の基準に従う。

(1)　一般公務員

一般公務員には、勤政勲章が授与され、職位等次の基準による。

一等級　　青條　　長官級以上
二等級　　黄條　　次官級、一級職（管理官）
三等級　　紅條　　二、三級職（理事官・副理事官）
四等級　　緑條　　四、五級職（書記官・事務官）
五等級　　玉條　　六級職以下（主事以下）

(2)　警察公務員

警察、消防公務員に対しては、勤政勲章が授与される。

二等級　　黄條　　治安総監、治安正監
三等級　　紅條　　治安監、警務官

四等級　緑條　総警、警正（警視に相当）
五等級　玉條　警監、警衛以下

(3)　軍人、軍務員

軍人と軍務員に対し、平時には保国勲章が授与される。

一等級　統一章　大将
二等級　国仙章　中将
三等級　天授章　少将、准将、一級軍務官
四等級　三一章　領官級、二～四級軍務官
五等級　光復章　尉官級以下、五級軍務官以下

(4)　教育公務員、研究職公務員

教育公務員（教師）および研究職公務員に対しては、勤政勲章が授与される。

一等級　青條　国立総合大学校総長、長官級に相当する研究職
二等級　黄條　在職四〇年以上、次官・一級職に相当する研究職

三等級　紅條　三八年、三九年在職者、二～三級相当の研究職
四等級　緑條　三六年、三七年在職者、四～五級相当の研究職
五等級　玉條　三三～三五年在職者、六級相当の研究職

(5)　外交官

外交官が外国の任地に赴任する場合、外交官の品位を保持するための儀礼装飾用として、次の基準により修交勲章を佩用する。

一等級　光化章　大使級以上
二等級　興仁章　公使級
三等級　崇礼章　参事官・総領事級
四等級　彰義章　一、二等書記官、領事級
五等級　粛靖章　三等書記官、副領事級

(6)　褒賞

在職期間が三〇年以上三三年未満の退職公務員に対しては、勤政褒賞または保国褒賞が授与される。

(7) 大統領表彰

在職期間が二八年以上三〇年未満の退職公務員に与えられる。

(8) 国務総理表彰

在職期間が二五年以上二八年未満の退職公務員に与えられる。

※ 退職公務員に対する叙勲の基準を三三年にしたのは、大学卒が二二～二三歳、兵役や資格取得、大学院進学等で、二五歳前後に公務員となり、六〇歳前後で定年退職となれば、三五年前後の勤務となるのが普通だからである。

三　勲章の佩用

勲章、褒賞は、本人に限り終身佩用し、死後はその遺族が保有するが、佩用してはならない。勲章、褒賞は、国慶日、法令で定めた祝日、祭日、記念日と、閲兵式、始務式、終務式、入学式、卒業式等、公式行事の際に佩用する。

勲章は等級の順に佩用し、正章と略章を同時に佩用を禁じている。

第5節　叙勲の審査と叙勲者数

一　叙勲の審査と叙勲

韓国の国家叙勲の所轄部署は、総務処であり、総務処長官を委員長とする八人以上一〇人以下の「賞勲審議会」を構成し、叙勲を審議する。

各部（省）の長官は、「功績審査委員会」を任命構成して、部管下の公務員叙勲の適任者を調査審議して、総務処の「賞勲審議会」に提出する。

賞勲審議会で協議された叙勲者は、国務会議の審議を経て、大統領が決定する。

勲章は、大統領が授与するが、二等級以下の勲章については、大統領の代理として、各部長官または委任された者が授与する。

二　叙勲者数

一九四八年、大韓民国が建国されて、一九九八年に至る五〇年間に政府叙勲者総数は、在職公務員　二四九、八八五人、退職公務員　六〇、三四六人、民間人　三七、五三八人、合計三四万三七六八人であり、一年平均六、九五五人である。

叙勲者三四万七七六八人のうち、武功勲章叙勲者が二〇八、六〇七人で、六一％を占め最も多い。

一九五〇年から一九五三年に至る三年二ヶ月に及ぶ韓国動乱で、北・人民軍の奇襲南侵戦争で韓国軍将兵は、多くの戦死者、戦傷病者等尊い犠牲と武勲軍功によって韓国を防衛し、国民の生命財産を救った。従って多くの武功勲章叙勲者があったのは当然であり、国家と民族のため、身命を捧げた結果授けられた最も尊い勲章である。

武功勲章を除く一〇種類の叙勲者総数は、一九四八年から一九八六年まで三九年間に、六〇、五七四人で一年平均一、五五三人が勲章を授与された。

一九八七年から一九九八年までの一二年間には、武功勲章はわずか一二一人のみで叙勲者総数は七四、七〇八人、一年平均の叙勲者数は六、二二六人で、著しく増加した。

盧泰愚大統領の初期一九八六年から一九八九年までは、毎年四千人以下であったが、金泳三大統領の末期一九九五年から一九九七年には毎年七千人に増加し、金大中大統領が就任した一九九八年には一二、三四六人で、九年前に比べて三倍に著しく増加した。

一九九九年と二〇〇〇年には、二〇、〇〇〇人を越え、大量の勲章がばらまかれ、一九九九年の勲章および褒賞を含む総数は五三、二九八人で五年前に比べ二・七倍に急増し、勲章インフレと評された。

表5－1　勲種別　叙勲状況

（単位　名）

区分	合計	無窮花	建国	国民	武功	勤政	保国	修交	産業	セマウル	文化	体育
合計	343,768	100	7,264	50,508	208,607	37,453	25,696	2,212	5,284	2,657	558	3,429
'48-'86	269,060	58	735	11,212	208,486	18,857	21,155	1,766	2,995	2,135	148	1,513
1987	3,912	3	2	1,518	1	1,022	608	52	255	241	28	182
1988	4,011	2	1	1,846	-	1,114	469	33	157	6	12	371
1989	3,876	7	12	2,164	-	906	317	56	113	14	17	270
1990	7,722	2	3,630	2,443	13	770	313	45	93	27	29	357
1991	4,758	4	1,116	2,592	13	391	279	36	149	40	24	114
1992	4,805	1	135	2,794	20	990	308	46	217	52	29	213
1993	4,622	5	169	3,124	-	808	302	29	137	16	26	6
1994	6,045	2	26	3,820	-	1,406	314	39	208	12	32	186
1995	7,567	5	1,073	4,413	26	1,300	380	32	227	18	64	29
1996	7,440	8	198	4,014	40	2,364	413	18	229	37	48	71
1997	7,635	1	49	4,070	3	2,665	319	34	299	59	53	83
1998	12,346	2	118	6,498	5	4,860	519	26	205	31	48	34

表5―2　勲章の年間叙勲者数の推移

（単位　名）

年度	勲章	勲章・褒賞	大統領
1991	4,758	―	盧泰愚
1996	7,440	19,703	金泳三
1997	7,635	20,864	〃
1998	12,346	35,506	金大中
1999	22,528	53,298	〃

世評は、人気取り政策で、勲章乱発の結果、勲章の価値が急落し、勲章に対する権威、等級の重みが暴落し、逆に国民大衆は勲章を蔑視するようになったと新聞は報じていた。

軍人への勲章は、戦時、戦闘以外の場合は、保国勲章が与えられる。韓国は、動乱が終わっても、休戦状態であり、六十万人の陸海空軍の全軍隊は、戦時体制下での軍務を続けている。一九八六年までの三十余年間に、保国勲章の叙勲者は二一、一五五人であり、一般公務員に与えられる勤政勲章の叙勲者は一八、八五七人であったのは、二十四時間緊張して軍務に服する軍人の現実を反映したものであった。

これに対して、最近、文民大統領になってからは一九九六年から九八年に至る三年間に、保国勲章の叙勲者一、二五一人に対し、勤政勲章叙勲者が九、八九五人であったのは、軍人に対する叙勲が著しく減少したものとして注目される。

韓国の勲章は在外国民にも授与される。在日韓国・朝鮮人は約六三万人（二〇〇一年末）そのうち韓国籍が八割といわれ、二〇〇一年一月一五日に発表された在日韓国民団関係者への叙勲数は表5―3の通

表５—３　叙勲対象の在日韓国民団関係者

勲章・表彰名	等級	人数	備考
国民勲章　無窮花章	一等級	2	前民団中央団長 奨学財団理事長（設立者）
〃　牡丹章	二等級	3	前民団中央副団長 県本部団長
〃　冬柏章	三等級	4	前民団県団長 商銀信組理事長
〃　木蓮章	四等級	5	前民団県副団長 顧問
〃　石榴章	五等級	3	前民団支部団長 役員
国民褒賞	六等級相当	4	前民団役員・商銀役員
大統領表彰	七等級相当	13	〃　〃

りである。

在日韓国民に授与される勲章は、ほとんどが国民勲章で、韓国民団中央団長、商工連合会会長、商銀破綻以前の時期の信用組合協会長、国家事業への数億円に達する寄付者、奨学財団の設立者らに一等級の無窮花国民勲章が授与され、二等級以下の国民勲章は韓国民団および関連団体の要職にあって多年貢献した者に授与された。

オリンピックをはじめ国際的、国家的体育行事への多額の資金協力者に体育勲章、文化言論に貢献した者に文化勲章、経済発展に寄与した実業家に産業勲章が授与される。

別章　朝鮮民主主義人民共和国（北朝鮮）の身分・称号・勲章制度

第１節　名誉称号と勲章制度

１．勲章制度

朝鮮民主主義人民共和国（以下共和国と略）の勲章制度は、一九四八年九月九日建国当初の憲法で定められ、間もなく最高人民会議常任委員会の政令と内閣決定（閣議決議）等により、次のような勲章が制定された。

⑴　国旗勲章

一九四八年に政令で、国旗勲章第一級、二級、三級が制定された。

基本的、一般的な勲章、党員、政務員、軍人、労働者ら一般人民に授与される。

⑵　武功勲章とその他の勲章

朝鮮中央年鑑（一九五二年版）によると、一九五〇年から一九五三年にかけて、次の勲章が制定された。

① 自由独立勲章　一、二級
戦時に特別な勲功があった人民軍の指揮官に与える。
② 李舜臣勲章
戦時に特別な勲功があった海軍の指揮官に与える。
③ 戦士栄誉勲章
戦時に殊勲をたてた人民軍下士官、戦士に与える。
④ 労力勲章と功労メダル
国家と人民に貢献した功労の大きかった者に授与する一般的勲章である。

労力勲章は、国旗勲章一級と二級の中間に位置する。

功労メダルは、国旗勲章第三級の次に位する。

以上で共和国の勲章は五段階にその位階が定着し、次の通りである。

その上下位階は、国旗勲章一級、労力勲章、国旗勲章第二級、国旗勲章第三級、功労メダルである。
⑤ 記念勲章と記念メダル
朝鮮民主主義人民共和国創建三〇周年記念勲章と記念メダル（一九七八年）および共和国創建四〇周年記念勲章と記念メダル（一九八八年）が制定され永年にわたり国家と人民に貢献した社会活動家に授与された。

また、在日朝鮮総連結成三〇周年記念勲章と記念メダル（一九八五年）が制定され、長期間にわたり総連の幹部として活動した朝鮮総連の専従、非専従の役員、功労者、協力者に授与された。

⑥　金日成勲章

一九八二年金日成誕生七〇年を記念して金日成勲章が最高位の勲章として制定され、授与された。

共和国の授勲は勲章と勲章証が授与され、同じ勲章が何回も授与されるので、高年齢の幹部や将軍は旧ソ連と同じく左右の胸一杯に勲章と記念章を佩用しており、共和国は最も勲章の豊かな国であり、大量授与されていることを示している。

2．名誉称号

朝鮮民主主義共和国には、多くの名誉称号があり、勲章と同じく政令で公布される。

1．共和国英雄と労働英雄

一九五〇年朝鮮動乱開戦後間もなく、一九五〇年六月三〇日政令で、共和国英雄称号を「最高の栄誉」として公布し、戦時下の軍人の志気を鼓舞した。

その呼称は、戦時に際し、英雄的な軍功をたてた指揮官に与え、国旗勲章一級と金星メダルを授与された。

労働英雄は、永年にわたり国家に忠誠を尽くした政治、社会、経済分野の活動家に与え、国旗勲章一級と金星メダルを授与する。

英雄称号は二回与えられる場合も多く、その場合は二重労働英雄と称せられた。

2．近衛称号と近衛勲章

戦時に勲功著しい部隊に近衛称号を、指揮官に近衛勲章を授与する。（一九五〇・八・一〇制定）
一九五〇年朝鮮動乱の初期、ソウルを占領した人民軍第四師団と第五師団に近衛称号を与え、近衛第四師団、近衛第五師団と称した。

3．人民称号と功勲称号

国家の各分野で功労が大きく、高いレベルに達した者に、次の名誉称号が与えられ、同時に勲章も授与された。

人民称号にたいしては国旗勲章一級を、功勲称号には労力勲章を授与した。

名誉称号は次の通りで、このほかにも数種類がある。
① 人民芸術家と功勲芸術家

②　人民俳優と功勲俳優
③　人民教員と功勲教員
④　人民体育人と功勲体育人
⑤　人民記者と功勲記者
⑥　人民技師と功勲技師

一九五三年当時、人民芸術家と人民俳優は八人で、給料は次官級、特級企業の技師長と同じく、功勲芸術家と功勲俳優は一二人で、局長級、一級企業の技師長と同じであった。

4．人民賞と金日成賞

学術、教育、文化、芸術分野で、功労と成果の著しい集団または個人に対して、人民賞、金日成賞が授与される。

二〇〇二年五、六月に平壌で開催されたアリラン祭典のマスゲームに対し金日成賞が授与されたことが日本の新聞に報じられた。

第2節　軍人の位階と社会的地位

朝鮮民主主義人民共和国は、その憲法に明示している通り社会主義プロレタリアート独裁国家であり、主体思想を指導理念として金日成主席を絶対化する唯一支配体制の国家である。

金正日時代になって、一九九八年改正された新憲法により「党優位」から「軍優位」へ、軍が党・政治を指導する「先軍政治」に移行したといわれる。

一九九七年、労働党員の推戴により党の総書記に就任した金正日元帥は、次の年に憲法を改正し、国家の最高役職である国防委員長（憲法一〇〇条）に就任した。

国防委員会は最高統治機関であり元帥、次帥七人と党政治局員三人、合わせて一〇人で構成し、その委員長が金正日総書記、第一副委員長が人民軍総政治局長趙明録次帥である。

人民軍の常備現役兵力はおよそ一二〇万人で、徴兵制、服務期間は八年から一〇年くらいとされ人民武力部（国防省に相当）は、内閣から独立し、国防委員会に属している。

将官の軍事称号は、元帥、次帥、大将、上将、中将、少将の六位階、佐官の軍事称号は大佐、上佐、中佐、少佐の四位階、尉官の軍事称号は、大尉、上尉、中尉、少尉の四位階である。

将官には停年がなく、七〇歳台の元帥、次帥が多く、元帥、次帥の現役要職にあるもの一三人、大将は二〇余人で韓国の陸海空軍現役大将八人より数倍も多い。

共和国では将校を軍官、階級名を軍事称号、兵士を戦士と呼ぶのが普通である。

軍官の養成は、建国初期から今日まで続いている姜健綜合軍官学校（校長は上将。姜健は朝鮮動乱開戦時の人民軍総参謀長、大田戦闘の時戦死）のほか、万景台革命学院（院長は次帥）、金日成軍事総合大学（学長は上将）等がある。

大学生は、在学中教導隊に編入され軍事教育を受け、卒業と同時に軍官に任官し服務する。

下士官の軍事称号は、士官長（特務長とも言う）上士、中士、下士の四階級、兵の階級は従来二階級から一九九〇年代に、上等戦士、中等戦士、初等戦士、戦士の四階級に改正されたといわれる。

兵役服務中に忠誠心が強く、軍務に精励した者は、朝鮮労働党の党員となり、大学へ進学する特典が与えられる。

軍服、兵器装備、軍事規律、戦略戦術等すべては創軍当初から旧ソ連の赤軍と概して同じである。

全軍幹部化、全民武装化、全軍現代化、全国要塞化の党と政府の軍事路線（一九七〇年、第五回党大会）が定式化され、教導隊、赤い青年近衛隊、労農赤衛隊等の予備兵力がおよそ六五〇万人に達するといわれる。

「先軍政治」の軍事国家である関係上、軍人の社会的地位が著しく高いのは当然であろう。

日本編参考文献

1 続日本紀

2 弘仁式（部分）

3 延喜式

4 法制史の研究 上、下　三浦 周行　岩波書店　一九四三、四四

5 日本法制史 1、2　高柳 真三　有斐閣　一九四九、六五

6 御触書集成 全5冊　高柳 真三、石井 良助編　岩波書店　一九三四～四一

7 中世法制史料集 3巻　佐藤 進一、池内 義賢編　岩波書店　一九五五～

8 〃 別巻　一九七八

9 法制史（体系日本史叢書）　石井 良助　山川出版社　一九六四

10 法社会史（新体系日本史）　水林彪、大津透、新田一郎、大藤修 編　山川出版社　二〇〇一

11 日本法制史講義　中田 薫、石井良助校訂　創文社　一九八三

12 日本法制史　滝川政次郎　有斐閣　一九二八

13 日本法制史概論　牧 健二　弘文堂　一九四五

14 律令国家と古代の社会　吉田 孝　岩波書店　一九八三

15 日本古代官位制度の研究　渡辺 直彦　吉川弘文館　一九七二

16 日本古代官職辞典　阿部 猛　高科書店　一九九五

17 官職制度沿革史　小中村清矩　東学社　一九三五

18 日本官僚制の研究　辻 清明　東京大学出版会　一九七〇

19 日本の官僚制　利光三津夫、笠原 英彦　ＰＨＰ研究所　一九九八

20 江戸時代の官僚制　藤井 譲治　青木書店　一九九九

21 徳川時代の文学に見えたる私法　中田 薫　岩波文庫　一九八四（発表一九一四）

22 *Wirtschft und Gesellschft*　Max Weber　Tübingen Verlag von J. C. B. Mohr (Paul Siebeck) 1947

23 政治学原論　原田 鋼　朝倉書店　一九七二

24 政治学体系論　佐竹 寛　法学書院　一九七五

25 現代の政治学　佐竹　寛　ビジネス教育出版　一九七五
26 政治権力の諸問題　今中次麿　合同出版社
27 憲法Ⅰ（第三版）　清宮四郎　有斐閣　一九八二
28 憲法Ⅱ（新版再版）　宮沢俊義　有斐閣　一九七四
29 全訂日本国憲法　宮沢俊義（芦部信喜補訂）　日本評論社　一九七八
30 日本国憲法概説（全訂新版）　佐藤　功　学陽書房　一九七四
31 行政法総論　田中二郎　有斐閣　一九五七
32 要説行政法　田中二郎　孔文堂　一九七二
33 行政法講座（第一～六巻）　田中二郎、原龍之助、柳瀬良幹　有斐閣　一九五六～六六
34 江戸幕府役職集成　笠間良彦　雄山閣　一九六五
35 仙台藩歴史事典　仙台郷土史研究会編　仙台郷土史研究会　二〇〇二
36 日本史辞典　高柳　光寿、竹内　理三編　角川書店　一九六六
37 勲　章　総理府賞勲局監修　毎日新聞社
38 勲章百年の歩み　総理府賞勲局編　行政通信社　一九七四
39 勲章・褒章事典　三省堂企画編集部編　日本叙勲者顕彰会　一九八九
40 世界勲章図鑑　中堀加津雄　国際出版社　一九六三
41 犯罪と刑罰　ベッカリーア　風早八十二訳　岩波文庫　一九三八
42 テンプル騎士団　レジーヌ・ペルヌー　橋口倫介訳　白水社　一九七七
43 新井白石　宮崎　道生　吉川弘文館　一九八九
44 角川日本史辞典　高柳光寿、竹内理三編　角川書店　一九六六
45 最新日本歴史年表　大森金五郎、高橋昇造　三省堂　一九四五
46 六法全書Ⅰ、Ⅱ　平成16年版　有斐閣　二〇〇四
47 職員録　上、下　平成16年版　国立印刷局　二〇〇四

韓国編参考文献・資料

1 韓国史（近代編・現代編） 震壇学会編 乙酉文化社（韓） 一九六五
2 韓国史大系（便覧社） 千寛宇編 三珍社（韓） 一九七五
3 韓国史新論 李基百著 弘文堂書房（日） 一九七一
4 朝鮮儒教の二〇〇〇年 姜在彦著 朝日新聞社（朝日選書） 二〇〇一
5 李王朝六百年史 李太平著 洋々社（日） 一九六五
6 朝鮮王朝實録 朴永圭著 図書出版社（韓） 一九九九
7 李朝滅亡 片野次雄著 新潮社（日） 一九九四
8 国学図鑑 李勲宗著 日韓社（韓） 一九七五
9 両班 宮島博史著 中央公論社（中公新書） 一九九五
10 家禮便覧 大譜社（韓） 二〇〇一
11 日帝三六年（一～一〇巻） 李二寧著 鮮文出版社（韓） 一九七三
12 施政二五年史・三十年史 朝鮮総督府発行（日） 九三五年・一九四〇
13 親日派 朴鍾国著 お茶の水書房（日） 一九九二
14 朝鮮人学徒出陣 姜徳相著 岩波書店（日） 一九九七
15 昭和天皇（第六巻） 田中伴尚著 緑岡出版社（日） 一九九〇
16 動乱の中の王妃 李方子著 講談社（日） 一九六九
17 青瓦台の風水師 姜泳秀著 文芸出版社（日） 一九九四
18 韓国の人口増加の分析 石南国著 勁草書房（日） 一九七二
19 科挙 宮崎市貞著 中央公論社（中公新書） 一九九〇
20 韓国政府論 朴文王著 博美社（韓） 一九六三
21 行政便覧 韓国能率研究会編 博文館（韓） 一九六四
22 韓国政府行政自治部賞勲担当官室資料 二〇〇一
23 北鮮総鑑（四五～六八） 北朝鮮問題研究所発行（韓） 一九六九
24 韓国史年表 李尚烈著 歴民社（韓） 一九九七

25 日本陸海軍、制度・組織・人事　日本近代史研究会編　東京大学出版会（日）　一九七一

26 陸士（一億人の昭和史・日本の戦史別巻）　毎日新聞社発行　一九八一

27 朝鮮戦争（一～一〇巻）　陸上自衛隊、陸戦史研究会編　原書房（日）　一九六六

28 韓国動乱　金點坤著　光明出版社（韓）　一九七三

29 創軍　韓鎔源著　博美社（韓）　一九六三

30 陸士卒業生　張昌国著　中央日報社（韓）　一九八四

31 韓国軍人精神　陸軍士官学校編　三和出版社（韓）　一九七八

32 軍事文化　金舜鉉著　乙支書籍（韓）　一九九〇

33 朝鮮年鑑（昭和一七年・昭和一八年）　京城日報社（日）　一九四二、一九四三

34 大韓年鑑（一九五三年）　大韓年鑑社（韓）　一九五三

35 朝鮮中央年鑑（一九五三・一九六二年）　朝鮮民主主義人民共和国中央通信社

36 韓国年鑑（韓国年鑑社）（韓）
合同年鑑（合同年鑑社）（韓）
東亜年鑑（東亜日報社）（韓）　（一九五三～一九九〇）

37 月刊「朝鮮」誌　朝鮮日報社発行（韓）　一九八〇～二〇〇二

38 月刊「新東亜」誌　東亜日報社発行（韓）　一九七〇～一九九〇

39 新聞「朝鮮日報」　朝鮮日報社発行（韓）　一九九五～二〇〇二

40 朝鮮史年表　高米零著　雄山閣（日）　一九七七

41 軍隊　月刊朝鮮編集部発行　二〇〇二

42 韓国と日本の歴史地図　武光誠著　青春出版社（日）　二〇〇二

あとがき

日本と韓国の歴史を顧みると、その時々の政権は、優秀な人材を網羅した有効な官僚制度に支えられ、時の変遷につれて、その内実が劣化し、あるいは腐敗を生じて、政権交替を招いて来たことが浮き彫りにされる。

日本は古代氏族社会から、中国の影響を受けた律令時代、これを日本の実態に合せた平安時代から日本独特の武家政治、さらに明治以降の富国強兵の時代から第二次大戦後の民主的な政治形態まで時代に応じた変遷をして来た。

韓国では十世紀に始まる高麗王朝、二十世紀初頭まで続いた朝鮮王朝に至る支配層は、「重文軽武」の政策から両班文官貴族が封建王政の基幹となり、第二次大戦後の不幸な北との分断の中にあって、大統領を中心とする民主的な政治形態が定着した。

二十一世紀に入って、日本でも、韓国でも、新しい時代に適応する政府の在り方が望まれているが、その根幹を支える官僚機構の実態を改めて掘り下げる契機に本書がなれば幸せである。

本書の刊行に当たっては、南雲堂の南雲一範社長、編集担当の青木泰祐氏を始め同社の方々に一方ならぬお世話になった。ここに深甚な謝意を捧げる。

二〇〇四年八月八日

朴　進　山
中名生　正昭

著者略歴
中名生　正昭（なかのみょう・まさあき）

1927年　東北大法学部卒、読売新聞社経営計画委員会幹事会幹事代表、総合技術開発室長、編集委員を歴任、三菱重工業と提携し世界初のロボット輪転機ＲＸ、日立製作所と提携しニューメディア総合配信システムＳＵＭＭＩＴの考案開発実用化に成功。東京読売サービス創立に参画、取締役企画制作本部長。現在日本マスコミュニケーション学会会員。著書『常識のウソ』（日新報道）、『歴史を見なおす東北からの視点』（かんき出版）、『北方領土の真実』『アジア史の真実』『奥の細道の謎を読む』『芭蕉の謎と蕪村の不思議』（南雲堂）ほか。

朴　　進　山（ぼく・しんざん）　戸籍名　朴　允鎮

1925年韓国慶尚南道陜川生まれ、馬山高校、韓国陸軍士官学校卒（第５期）、陸軍少尉任官（将校軍番10,871）韓国第六連隊中隊長（1948年）、第十連隊連隊副官。日本の中央大経済学部、法政大大学院卒、経済学修士（1957年）。信組の役員、朝信健康保険組合理事長、朝信厚生年金基金理事長を歴任。現在、中央大学在日韓国同窓会副会長、国立慶北大学校相国奨学財団理事。著書論文集二巻。

日本と韓国の官僚制度—その成立と変遷

2004年11月９日　　１刷

著　者　中名生　正昭
　　　　朴　　進　山

発行者　南雲一範
発行所　株式会社 南雲堂
〒162-0801　東京都新宿区山吹町361
電　話　03-3268-2384
ＦＡＸ　03-3260-5425
振替口座　00160-0-46863
印刷所　日本ハイコム㈱
製本所　若林製本

Printed in Japan　〈検印省略〉
乱丁・落丁本はご面倒ですが小社通販係宛にご送付下さい。
送料小社負担にてお取り替えいたします。
ISBN4-523-26443-0 C0031〈1-443〉